Biologische Beobachtungen Band VII

Gilbert Brands

Koniferenblätter

Vergleichende mikroskopische
Studien von Nadelbaumblättern

Inhaltsverzeichnis

1. Vorbemerkungen

Koniferenblätter zählen zu den dauerhaftesten Blattkonstruktionen. Die Blätter, die meist eine nadelförmige Gestalt besitzen, überdauern auch in Gebieten mit ausgeprägten klimatischen Unterschieden zwischen Sommer und Winter meist drei bis fünf Jahre, bevor sie abfallen. Nur in wenigen Gruppen findet ein jährlicher Wechsel wie bei Laubbäumen statt. Einhergehend mit dieser langen Lebensdauer ist eine robuste und aufwändige Konstruktion sowie verschiedene Schutzmechanismen. Die Robustheit kommt auch im langsamen Verrotten der Nadeln zum Ausdruck, die erheblich länger für die natürliche Zersetzung benötigen als die meist innerhalb eines halben Jahres abgebauten Laubblätter.

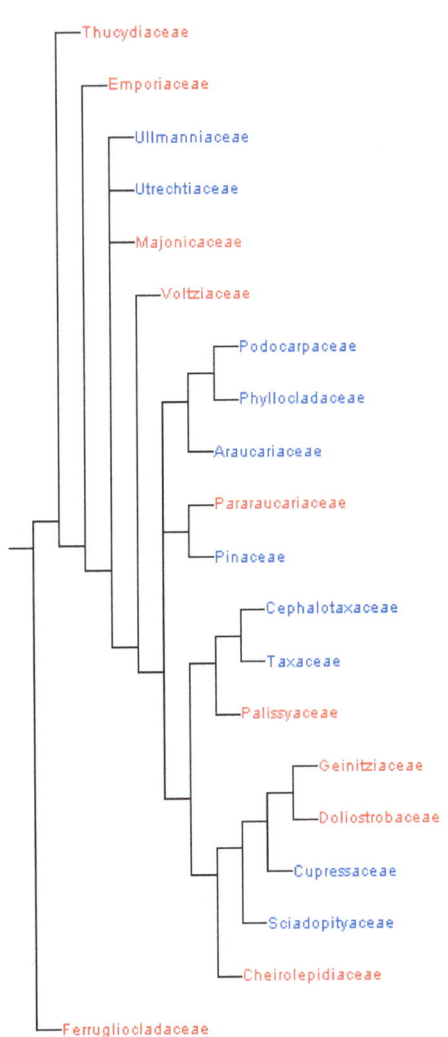

Die nebenstehende Grafik gibt eine Übersicht über die Verwandtschaftsverhältnisse innerhalb der Gruppe. Nadelbaumgewächse zählen zu den mittelalten Holz- und ältesten Samengewächsen. Sie haben fast die gesamte Saurierperiode hindurch diesen Tieren als Nahrungsgrundlage gedient.

In diesem Beitrag sollen in Deutschland häufig vorkommende Nadelbaumgewächse bezüglich ihres Blattaufbaus vergleichend untersucht wer-

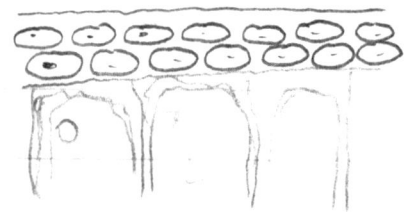

Abbildung 1: Zweischichtiger Aufbau

den. Dabei werden nicht nur natürlich vorkommende Bäume untersucht, sondern auch solche, die durch gärtnerische Maßnahmen des Menschen aus anderen Erdteilen hier erfolgreich angesiedelt wurden (*viele würden ohne die Pflege durch den Menschen aber nicht überdauern, da sie zwar als Einzelgewächse erfolgreich wachsen, sich aber vermutlich als Art oft nicht gegen die Spezialisten durchsetzen könnten*).

Die einzelnen Gruppen wie Fichten, Kiefern, Tannen, Lärchen usw. werden getrennt untersucht und, so weit möglich, auch mehrere Arten erfasst. Beschrieben

Abbildung 2: Veränderung der zweiten Zellschicht

werden Nadelstellung am Zweig, Nadelstruktur (*Außenmaße und Außenansicht*), Aufbau der Kutikula, des Assimilationsgewebes, der zentralen Leit- und Stützgewebe sowie der Harzgänge.

Junge Nadeln sind meist elastisch und biegsam, nach dem Auswachsen werden sie jedoch dunkler und hart. Morphologisch ist das auf eine zweischichtige Anlage der Epidermis zurückzuführen. Die äußere Zellschicht produziert eine wachsartige Außenschicht, die darunter liegende Schicht verdickt sich und übernimmt schließlich die Stützfunktion. Die Schicht besteht schließlich mehr oder weniger nur noch aus Zellwänden ohne Zellkörper. Dieser sehr feste Aufbau bewirkt auch den langsamen Abbau von Koniferennadeln nach dem Abfallen gegenüber Laubbaumblättern.

2.   Pinus, Kiefer, Pinaeceae

2.1.   *Pinus nigra, Schwarzkiefer*

Die Nadeln der Schwarzkiefer wachsen paarweise aus einer scheidigen Hülle und erreichen eine Länge von mehr als 125 mm. Die beiden Nadeln sind als Halbstä-be ausgebildet und bilden zusammengelegt ein Oval von 1,5 x 1,9 mm (Abbildung 3, Abbildung 29, Abbildung 30).

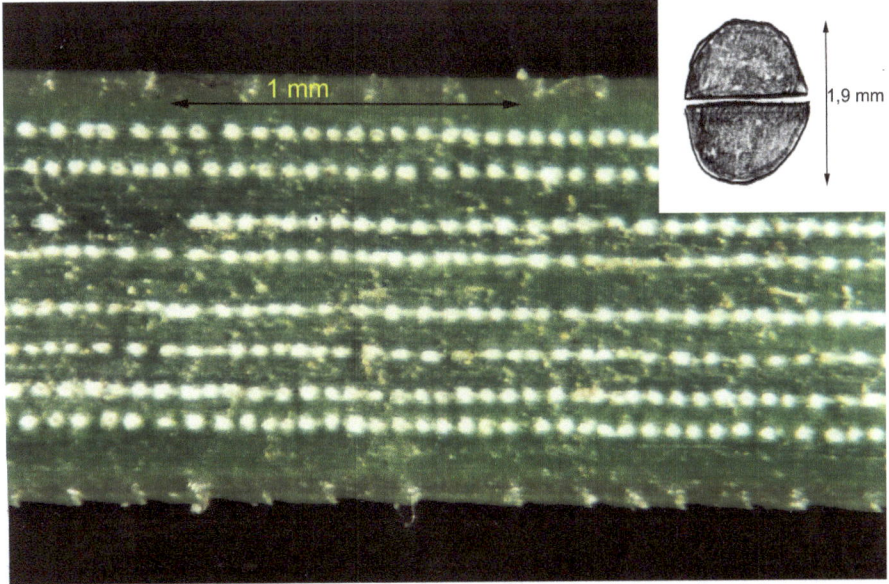

Abbildung 3: Kiefernadel, Innenseite und Querschnitt durch Doppelnadel

Die Kanten der Nadeln sind leicht gezähnt, die Zähne weisen nach Vorne. Auf beiden Außenflächen befinden sich in Längsreihen angeordnete Spaltöffnungen (8 Längsreihen auf der Innenseite, 10-11 auf der Außenseite, Abstand der Spaltöffnun-gen in einer Reihe ca. 0,1 mm).

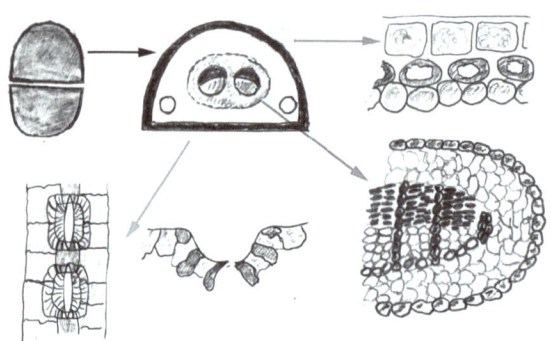

Abbildung 4: Blattaufbau schematisch, siehe Text

Im Querschnitt zeigt sich ein sehr komplexer Aufbau (Abbildung 4). Die Epidermis ist sehr dick und nimmt mit zunehmenden Alter weiter an Stärke zu. Zentral findet sich ein sehr großes Stütz- und Leitbündel, in den Nadelecken liegen an der Außenseite zusätzlich Harzkanäle (Abbildung 5). Zwischen Zentralbündel und Kutikula liegt lockeres Assimilationsgewebe aus großen, unregelmäßig geformten lockeren Zellen mit viel freiem Volumen.

Die Epidermis besteht aus drei, teilweise vier Zellagen mit dicken, besonders im polarisierten Licht auffallenden Zellwänden. In der Jugend sind die Nadeln weich un biegsam, im Alter hart und stabil. Dem Querschnittsbild und den Alterungsvorgän-

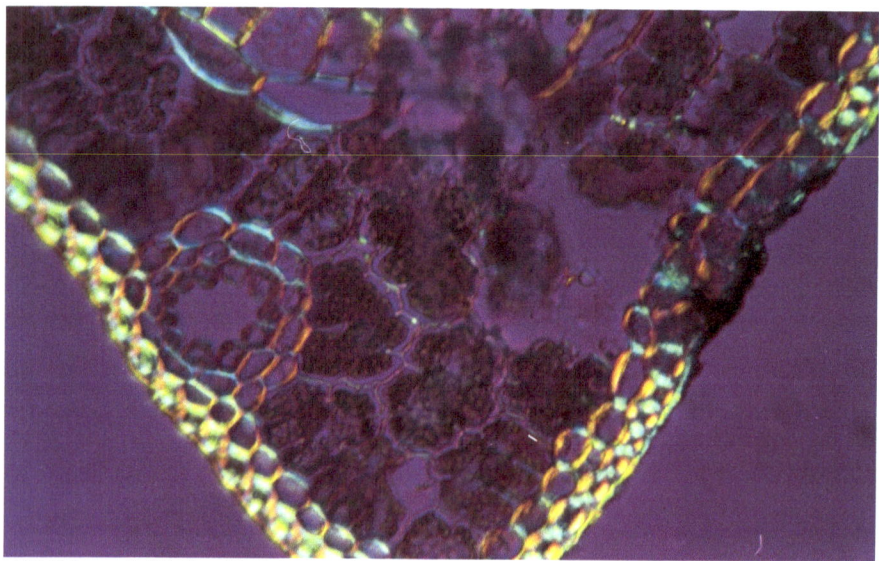

Abbildung 5: Kiefer, Nadel im polarisierten Licht, Gefrierschnitt, quer

gen entnimmt man folgenden Ablauf: die Zellen besitzen zunächst nur eine "normale" Kutikula. Nach Ausbilden der maximalen Länge verholzt die oberste Zelllage, bis
die Zellen nahezu massiv sind. Die darunter liegenden Lagen verholzen nicht in dieser Stärke, sondern bleiben teilweise hohl. Aus dieser Konstruktion ergibt sich eine
sehr große mechanische Stabilität und ein guter thermischer Schutz.

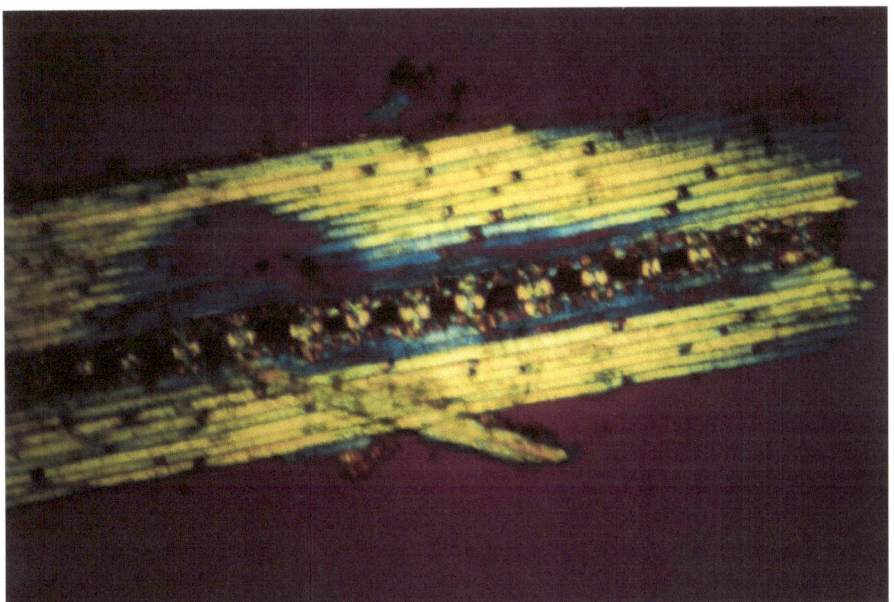

Abbildung 6: Kiefernadel, Flachschnitt durch Spaltöffnungsreihe, polarisiertes Licht

Weitere Details entnimmt man dem Flachschnitt bzw. dem Mazerat (Abbildung
6, Abbildung 7). Im Flachschnitt sind die Zellgrenzen der langgestreckten Epidermiszellen im polarisierten Licht gut zu erkennen. Die verholzte Schicht aus einzelnen
Stäben erscheint jedoch durchgehend in der ganzen Länge der Nadeln zu sein. Hierdurch wird die mechanische Stabilität gegen Streckungen erhöht, durch den Aufbau
aus Einzelfasern wiederum die Biegefestigkeit maximiert.

Im Bereich der Spaltöffnungen fehlen die Versteifungen. Die Spaltöffnungen
liegen so dicht, dass sie nur durch eine einzelne Trennzelle voneinander getrennt
werden und beiderseits von je zwei weiteren Zellen gerahmt sind. Darunter liegen
wurstförmig gebogene Schließzellen. Im Querschnitt findet sich eine tiefe Höhlung
der Oberfläche, da die Schließzellen sehr tief im Blattinneren liegen und von mehre-

ren kleinen Zellen gerahmt werden. Durch diese tiefe Lage sind die Schließzellen mechanisch sehr gut geschützt.

Der Grund für den dichten reihenförmigen Verbau der Spaltöffnungen findet sich in der angrenzenden Assimilationsschicht. Das Assimilationsgewebe ist in Form dich stehender Plattenepithelien organisiert, die quer die Nadel durchziehen. Hierdurch ist ein vertikaler Luftaustausch innerhalb der Nadeln nicht möglich. Jede Kammer wird durch eigenen Spaltöffnungen mit der Außenwelt verbunden. Durch diese Anordnung lässt sich das Assimilationsgewebe vermutlich dichter packen als in einem Schwammgewebe wie in Laubblättern. Die Nadeln können dadurch bei gleicher Oberfläche kompakter gebaut werden, was für erhöhte mechanische Stabilität und damit höhere Lebensdauer genutzt werden kann.

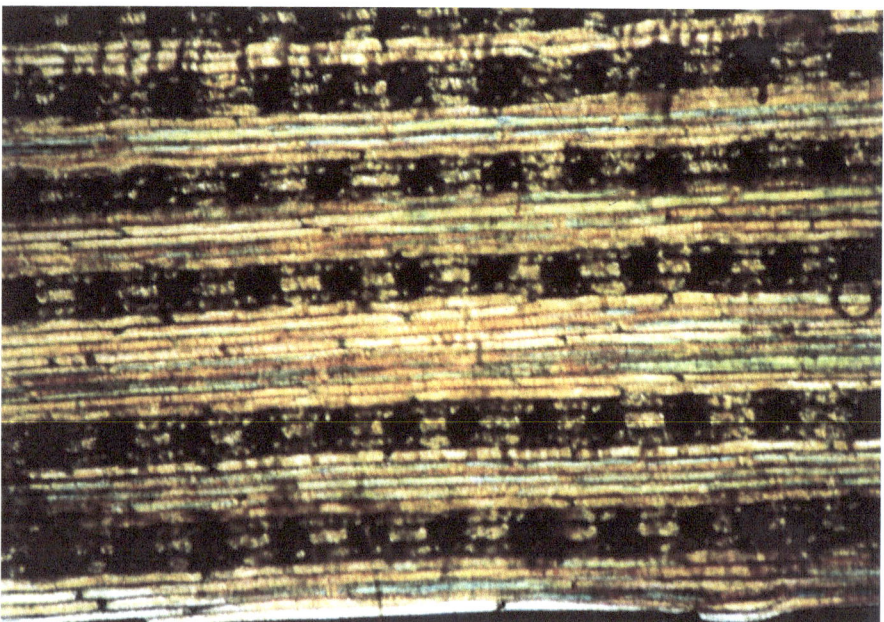

Abbildung 7: Epidermis mit Spaltöffnungen, Mazerat

An das Assimilationsgewebe schließt sich der zentrale Blattnerv an (Abbildung 8). Er ist durch einen Ring von Trennzellen vom Assimilationsgewebe getrennt. In seinem Inneren liegen in einer mehr oder weniger homogenen Zellmatrix zwei gegeneinander gekippte Markstränge. Diese bestehen jeweils aus zwei Hälften, die scharf entlang einer zur flachen Nadelseite parallelen Achse getrennt sind. Die obere

Hälfte besteht aus dichten, etwas abgeplatteten Zellen (im Bild scharf blau gefärbt), die untere aus größeren und runderen Zellen (im Bild rot gefärbt). Beide Zonen werden durch eine senkrechte Reihe von Zellen mittlerer Größe durchsetzt. Kombiniert mit Längsschnitten (Abbildung 9, Abbildung 10) ermittelt man:

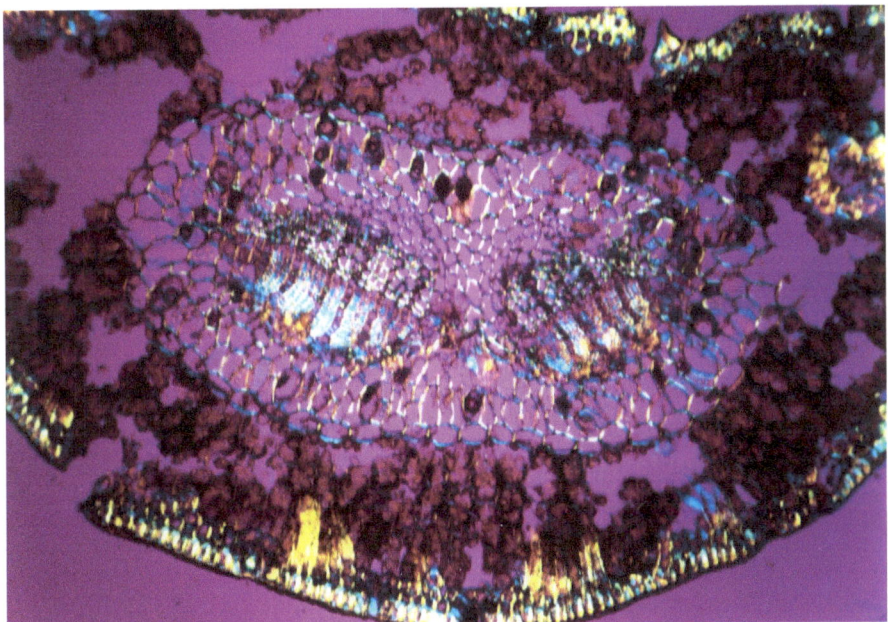

Abbildung 8: Kiefernadel, Zentralgewebe, polarisiertes Licht

- Der außen liegende Ring besteht aus kurzovalen Zellen ohne besondere Kennzeichen und ohne Chloroplasten.

- Die Matrix besteht aus kubischen bis rechteckigen relativ großen Zellen, welche an allen Zellwänden locker verteilte Tüpfelverbindungen zu den Nachbarn besitzen.

- Die senkrechten Ketten in den zentralen Bündelsystemen bestehen aus Ringgefäßen (Endlosspiralen).

- In der unteren Hälfte der Bündelsysteme befinden sich lang gestreckte zugespitzte Zellen. Jeweils zwei Zellen koppeln über eine Stück der Zuspitzung und sind dort dicht mit Tüpfelketten besetzt, deren Durchmesser der Zellbreite entspricht.

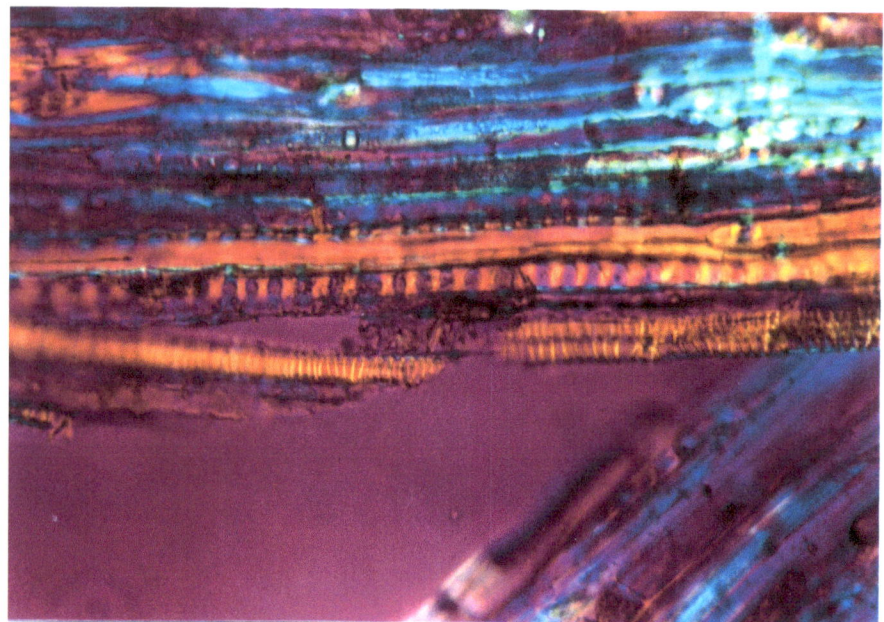

Abbildung 10: Ringgefäße im Zentralbereich

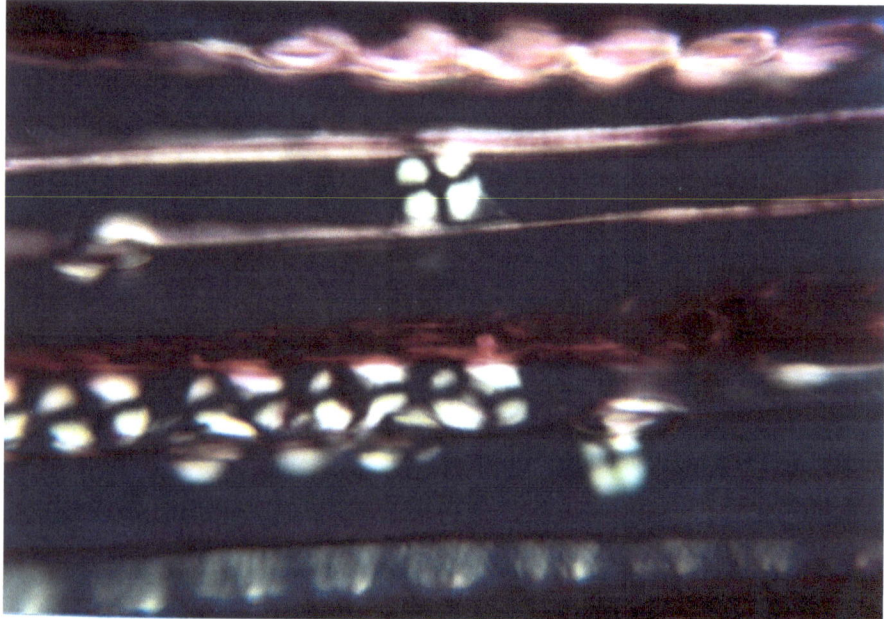

Abbildung 9: Tüpfelgefäße

● Die obere Hälfte der Bündelsysteme besteht aus langgestreckten Siebzellen. Die Verbindungen zwischen den Zellen sind offen und nur durch Stege stabilisiert.

Die Funktionen der Bestandteile lassen sich aus der Struktur ableiten. Die Ringgefäße dienen der Wasserversorgung, die Tüpfelgefäße dem rücklaufenden Stoffstrom. Über die Matrix wird die örtliche Infrastruktur organisiert; außerdem übernimmt sie vermutlich auch Pufferaufgaben.

Die Harzkanäle können bis in die verholzte Zone im Stammbereich verfolgt werden. Sie stehen somit mit dem Harzkanalystem des Stamms in direkter Verbindung. Die scheint aber eine Besonderheit bei dieser Art zu sein; die Verbindung konnte bei anderen Arten nicht bestätigt werden.

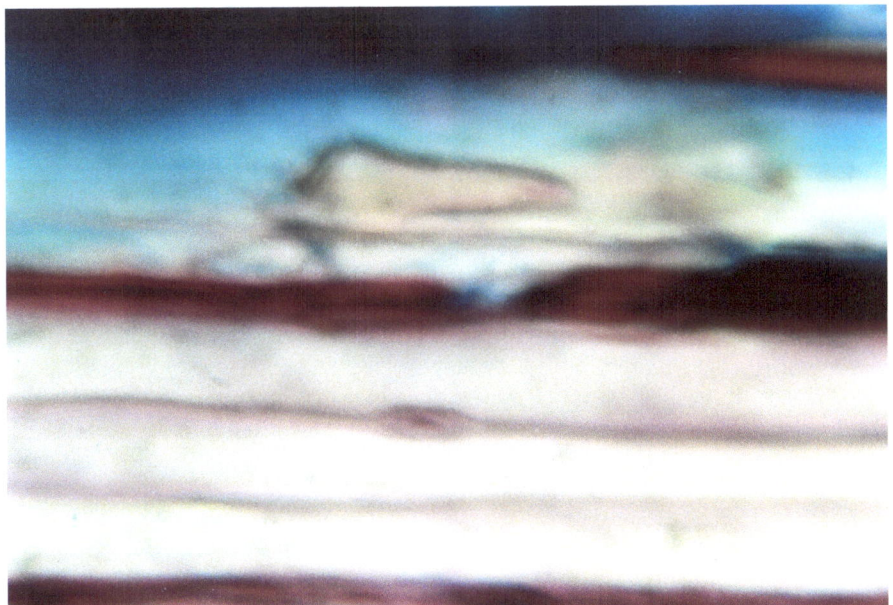

Abbildung 11: Kiefernadel, einzelner Verbindungstüpfel

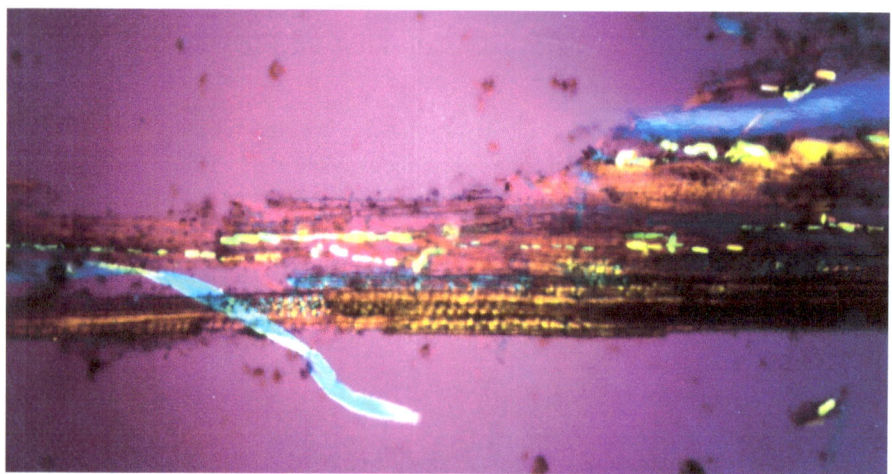

Abbildung 12: Kristallite im Zentralgewebe, Kiefernadel

2.2.   *Pinus strobus, Weymouthkiefer*

Die Nadeln dieser Art stehen jeweils zu fünf vereinigt in einem Büschel mit kreisförmigem Querschnitt von ca. 1,0-1,2 mm Durchmesser und ca. 45 mm Länge (Abbildung 28). Sie sind im Vergleich zu den Nadeln der Schwarzkiefer sehr viel zarter, weich und biegsam und besitzen eine dunkle grüne Farbe. Die Außenkanten besitzen eine feine, nach vorne weisende Zähnung. Auf den Innenflächen liegen jeweils vier Reihen von Spaltöffnungen, die Außenseite ist jedoch frei von Spaltöffnungen (Abbildung 13).

Das einzelne Blatt besitzt einen fast dreieckigen Querschnitt. Die Epidermis ist jedoch bei weitem nicht so massiv wie die der Schwarzkiefernadel. Nur die äußere Zellschicht besteht aus massiven Stäben, die innere aus normal aussehenden Zellen (die dritte Schicht der Schwarzkiefernadel fehlt). Selbst die massiven Stäbe sind nicht durchgehend, sondern variieren in der Dicke und der Füllung. Hieraus erklärt sich die Elastizität der Nadel im Vergleich zur Schwarzkiefernadel (Fehler: Referenz nicht gefunden).

An der Außenseite liegen direkt an der Außenwand zwei Harzgänge. Sie besitzen eine stabile, von einem dünnen Epithel ausgekleidete Wand. Innen folgen die

Abbildung 13: Außen- und Innenfläche der Nadel sowie Querschnitt

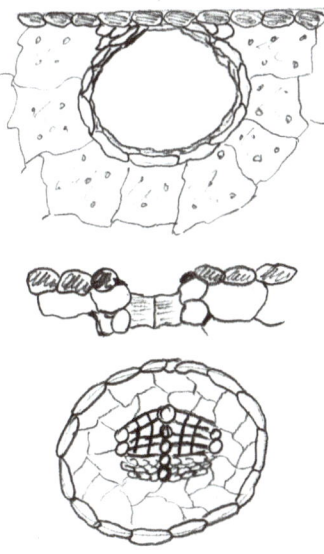

Abbildung 14: Harzgang, Spaltöff-nung und Leitbündel

großen und stark verzahnten Assimilationszel-len, die wie bei der Schwarzkiefernadel in senk-rechten Schichten angeordnet sind.

Die Spaltöffnungen sind komplex aufge-baut. Zwei Vorzellen mit verdickten Lippen und dicker Kutikula bilden einen Vorhof. Zu-sammen mit zwei Lagerzellen bilden sie ein La-ger für die Schließzellen (Abbildung 14).

Im Inneren der Nadel befindet sich ein zentrales Leitbündel mit dem von der Schwarz-kiefer bekannten Bauplan: ein ringförmiger Schlauch bildet die Trennung zum Assimilati-onsgewebe. Im Inneren einer aus kurzen großen Zellen mit allseitig vorhandenen Tüpfeln gebil-deten Matrix liegt ein zweigeteiltes Zentralge-weben mit drei senkrechten Trennwänden. Das untere Gewebe besteht wieder aus langen verzahnten Zellen mit Tüpfelreihen (Abbildung 16).

Es besteht jedoch auch einige Unterschiede zur Schwarzkiefernadel:

● Das obere, im Querschnitt mit der Schwarzkiefernadel identische Gewebe besitzt keine erkennbaren Siebgefäße.

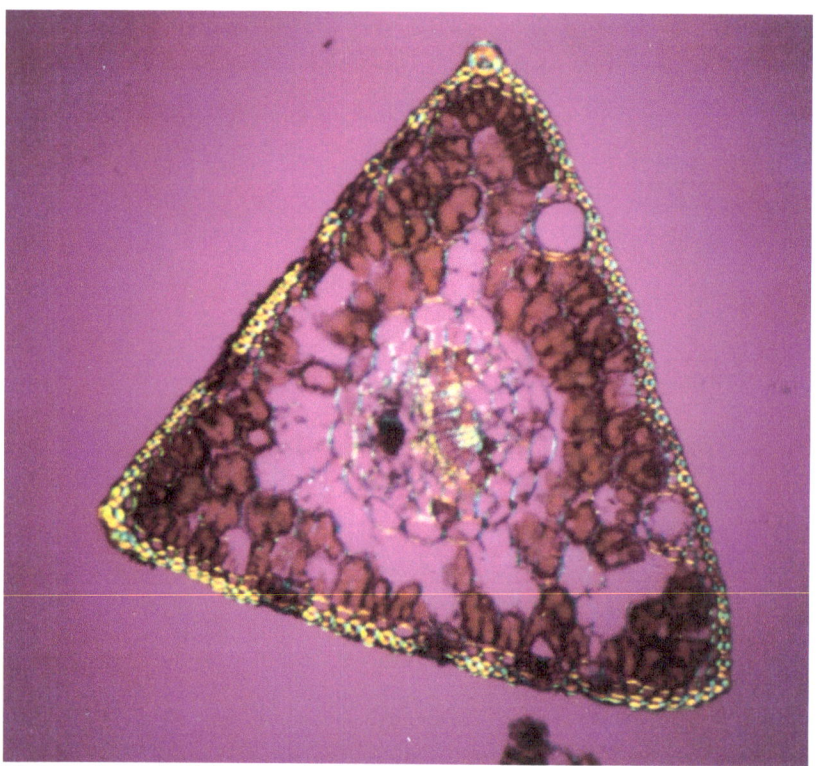

Abbildung 15: Nadel quer

● Die senkrechten Trennwände sind in zwei Hälften differenziert. Nur die untere Hälfte besteht aus Ringgefäßen, die obere Hälfte wird von Zellen mit stark körnigem Plasma gebildet.

● Plasmareiche Zellen sind ebenfalls vereinzelt in der Matrix links und rechts vom Zentralstrang vorhanden. Einzelne Körperchen des Zellplasmas erreichen Chloroplastengröße, sind jedoch nicht gefärbt.

● Kristallite wie bei der Schwarzkiefernadel wurden nicht gefunden.

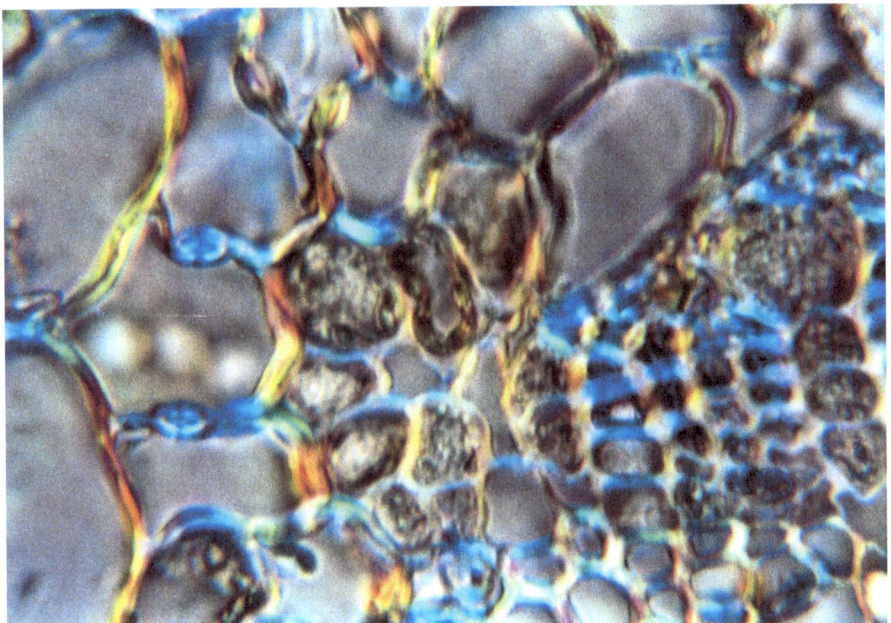

Abbildung 16: Stark körniges Plasma von Zellen im Zentralbereich

2.3. *Pinus hapalensis, Seekiefer / Pinie*

Die Seekiefer ist ein Baum des Mittelmeerraumes mit hell-blaugrünen Nadeln von ca. 75 mm Länge und 0,7-0,8 mm Durchmesser. Die Nadeln wachsen zu dritt aus einer gemeinsamen Scheide und ergeben zusammen einen runden Querschnitt. Die Kanten besitzen scharfe, nach vorne gerichtete Dornen. Der Rücken ist ebenfalls dornig gekielt, so dass sich ein rhombischer Querschnitt des Einzelblattes ergibt. Auf jeder Flachseite befinden sich zwei Reihen von Spaltöffnungen (Abbildung 18, Abbildung 17).

Die Epidermis ist mit bis zu vier Zelllagen sehr stabil. Im Rückenbereich der Nadel befinden sich zwei Harzkanäle. Die oberste Zelllage besteht aus gestreckten,

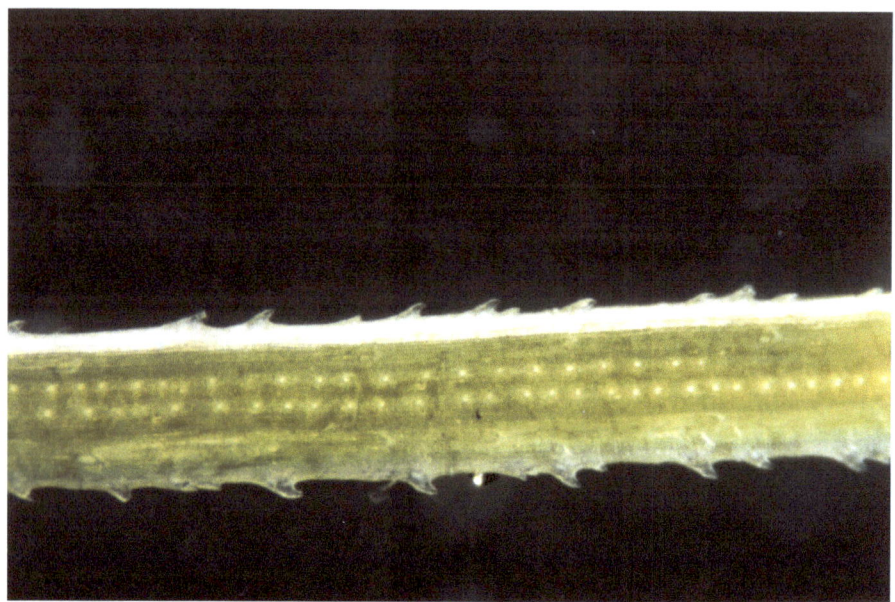

Abbildung 18: Piniennadel mit Spaltöffnungsreihen

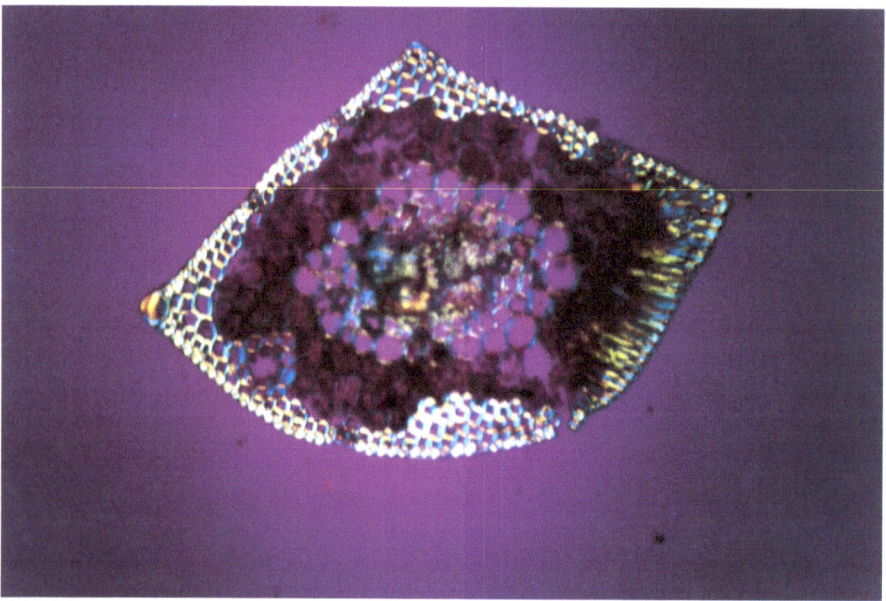

Abbildung 17: Piniennadel quer

Abbildung 19: Pinie, Flachschnitt durch Randbereich

aber nicht durchgehenden Zellen, darunter einzelne vollständig massive Faserkabel. In Inneren ist eine starke Septenbildung zu beobachten, wobei die durch ganz oder teilweise ausgebildete Zellwände unterteilten Zellen keinen Inhalt mehr aufweisen. Im Bereich der Spaltöffnungen finden sich stärkere Variationen des Septenschemas (Abbildung 19, Abbildung 21, Abbildung 22).

Die Spaltöffnungen sind wie bei den anderen Kiefernarten komplex aufgebaut. Um die Spaltöffnung erhebt sich ein Kranz von acht, die Öffnung brunnenrandartig einfassenden Zellen. Darunter liegt ein Hohlraum, der mit vier Lagerzellen abschließt (Abbildung 20, Abbildung 23). In diese wiederum sind die Schließzellen eingelagert. Durch den komplexen Aufbau

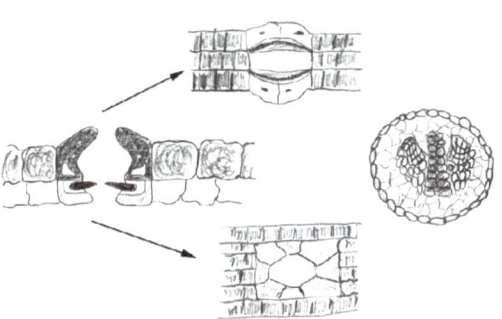

Abbildung 21: Pinie, Spaltöffnung, Leitbündel

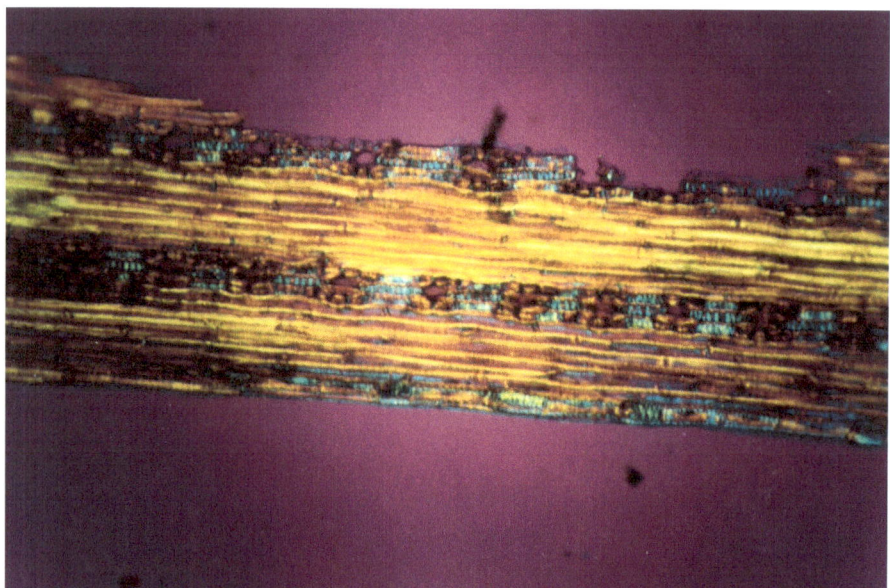

Abbildung 22: Pinie, Flachschnitt durch die Epidermis

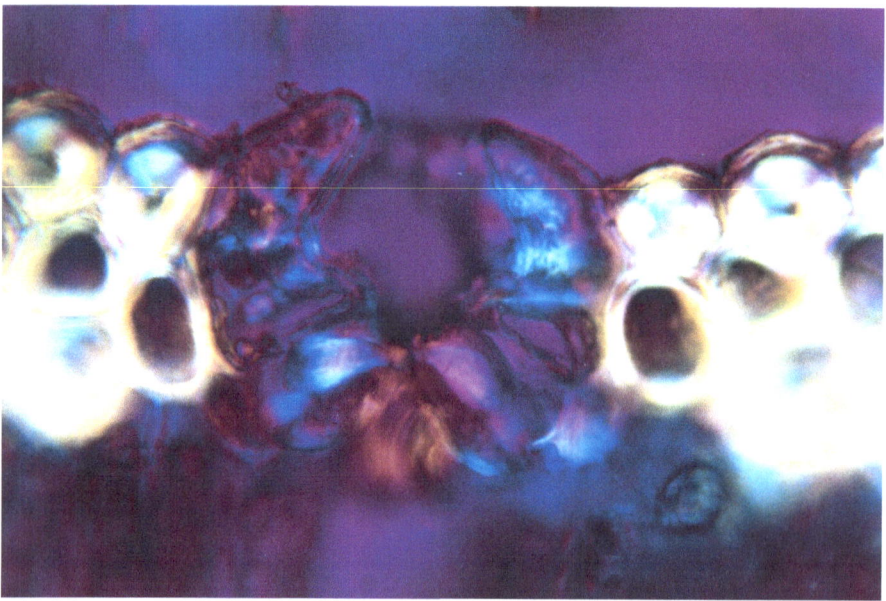

Abbildung 20: Spaltöffnung

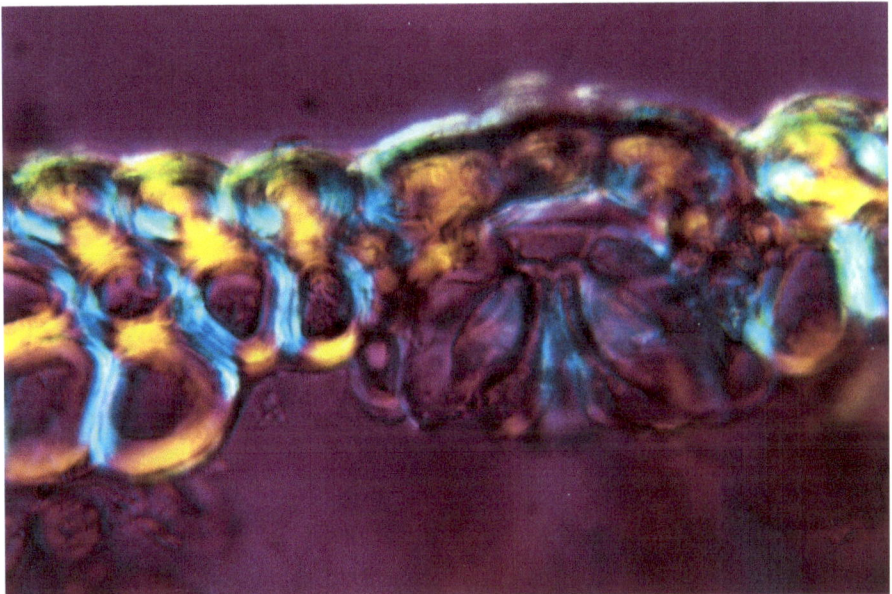

Abbildung 23: Spaltöffnung, Randbereich

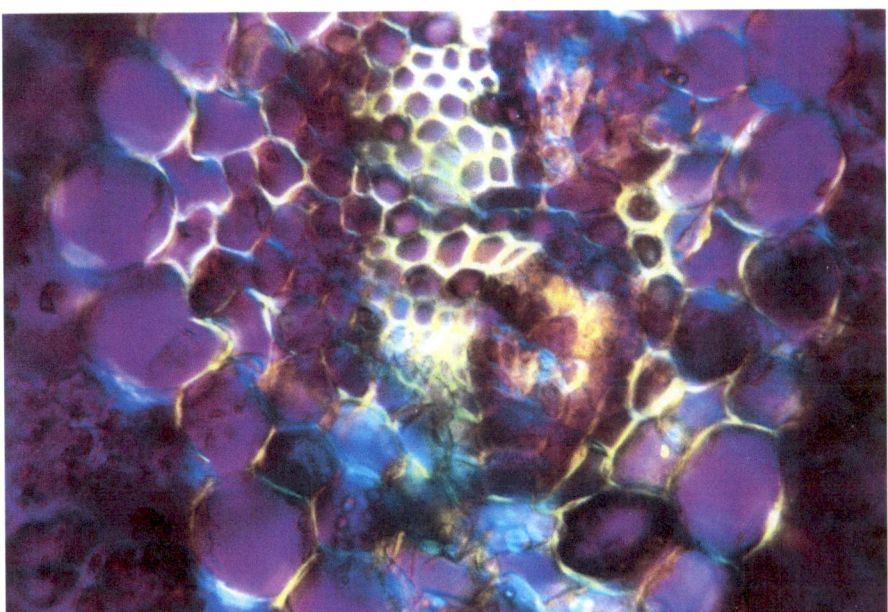

Abbildung 24: Leitbündel

mit einem Vorhof wird neben dem mechanischen Schutzeffekt ein Filter- und Ver-
dunstungsschutz realisiert.

Das zentrale Leitbündel ist von einem Ring aus länglichen Zellen mit kleinen
Poren vom Assimilationsgewebe abgegrenzt (Abbildung 24). In der Matrix liegt ein
zweiteiliges Zentrum, das von einer Zellreihe mit körnigem Plasma durchzogen sind.
Enthalten sind die übliche Tüpfel- und Ringgefäßbereiche sowie einige weitere, kör-
nig gefüllt Flügelbereiche. Die Matrix enthält ebenfalls Tüpfel, doch sind keine Kristallite zu finden

2.4.   Pinus sylvestris, gemeine Kiefer oder Föhre

Die Föhre besitzt ca. 75 mm lange blaugrüne Doppelnadeln, deren Zahl an
Spaltöffnungsreihen gegenüber der Schwarzkiefer erhöht ist. Auf der Innenseite sind
diese nach dem Zahlenschema 4(5)-3-3-4(5) gruppiert, auf der Außenseite nach
4(5)-2-2-2-4(5). Im Querschnitt weist die Nadel unter jedem größeren Zwischenraum einen Harzkanal aus dicken Stängen auf (Abbildung 25).

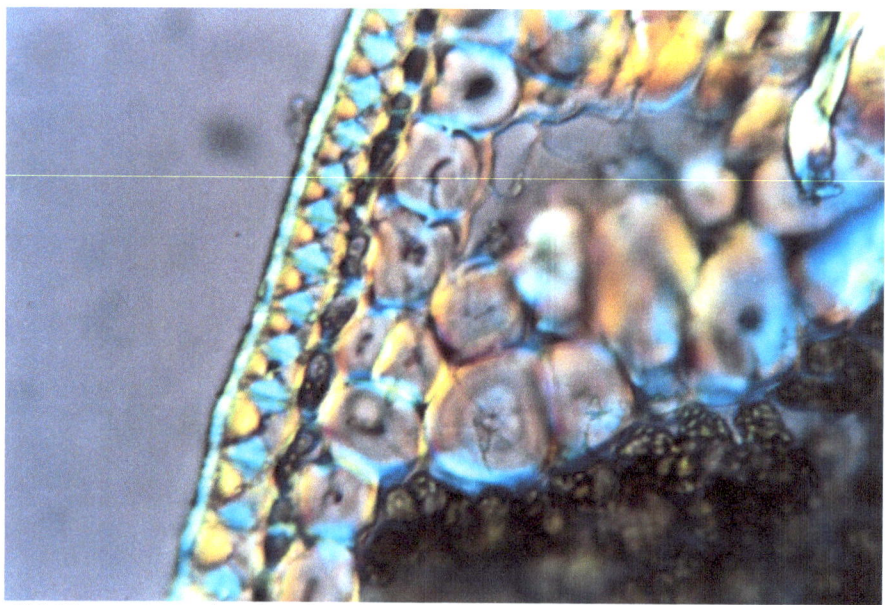

Abbildung 25: Harzkanal und Epidermis

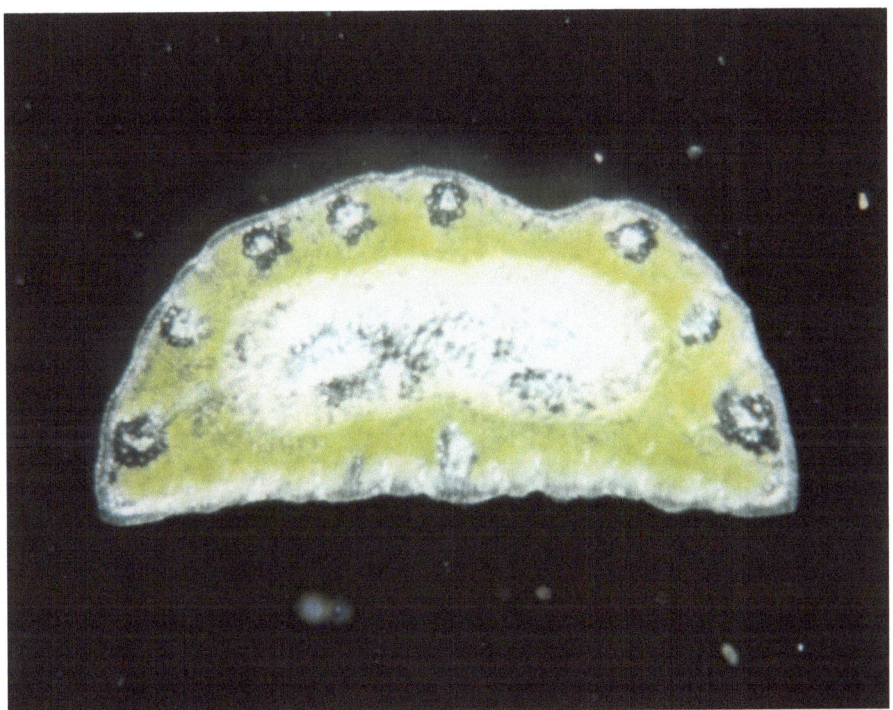

Abbildung 26: Föhrennadel quer

Die Epidermis besteht aus gestreckten verzahnten vollständig gefüllten Zellen, unter denen eine weiter Schicht normaler Epidermiszellen liegt (Abbildung 26, Abbildung 27).

Das Leitbündel ist sehr groß und oberhalb der beiden deutlich getrennten Markstränge mit gefüllten Längskabeln durchsetzt. Die Anzahl der Fasern ist insgesamt so groß, dass die Nadel beim Mazerieren kaum zerfällt und nur noch aus Fasern zu bestehen scheint. Der dem Assimilationsgewebe zur Verfügung stehende Raum ist daher insgesamt recht klein.

Gegenüber den Nadeln der anderen Kiefernarten sind die der Föhre nochmals deutlich stabiler gebaut, was nur durch Verringerung der Assimilationsschicht und Einlagerung freier Fasern in Mark und Assimilationsgewebe zu erreichen ist.

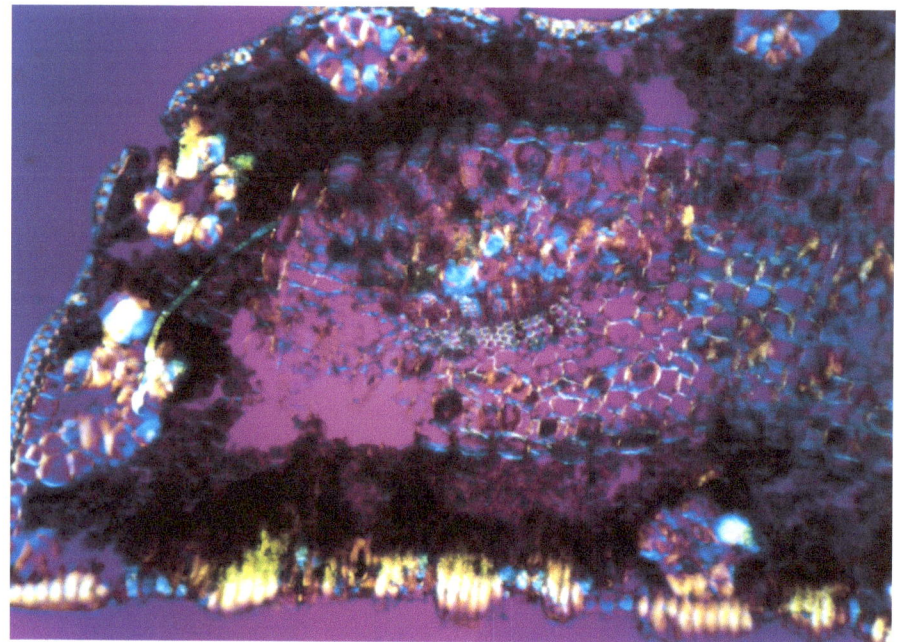

Abbildung 27: wie vor, polarisiertes Licht

2.5. Ergänzungen

Die vier folgenden Aufnahmen zeigen ergänzend die Nadelbasen am Zweig für Pinus nigra und Pinus strobus. Diskussion siehe Teilkapitel 2.1 und 2.2.

Abbildung 28: Pinus strobus, Nadelbasis am Zweig

Abbildung 29: Pinus nigra, Blattbasis am Zweig

Abbildung 30: Pinus nigra, Nadelbasis, Detail

3.   Picea, Fichte (Pinaceae)

3.1.   *Picea pengens, Blaufichte*

Die Blaufichte besitzt ca. 30 mm lange blaugrüne und sehr harte Nadeln. Im Querschnitt sind sie quadratisch bis rhombisch mit ca. 1 mm breiten Kanten. Auf je-der Fläche befinden sich drei, manchmal über kurze Strecken auch vier Reihen von Spaltöffnungen (Abbildung 31). Die Nadeln stehen einzeln auf kurzen Stielchen am Stamm. Nach dem Abfallen der Nadeln verbleiben die Stielreste am Stamm und ge-ben ihm ein dorniges Aussehen.

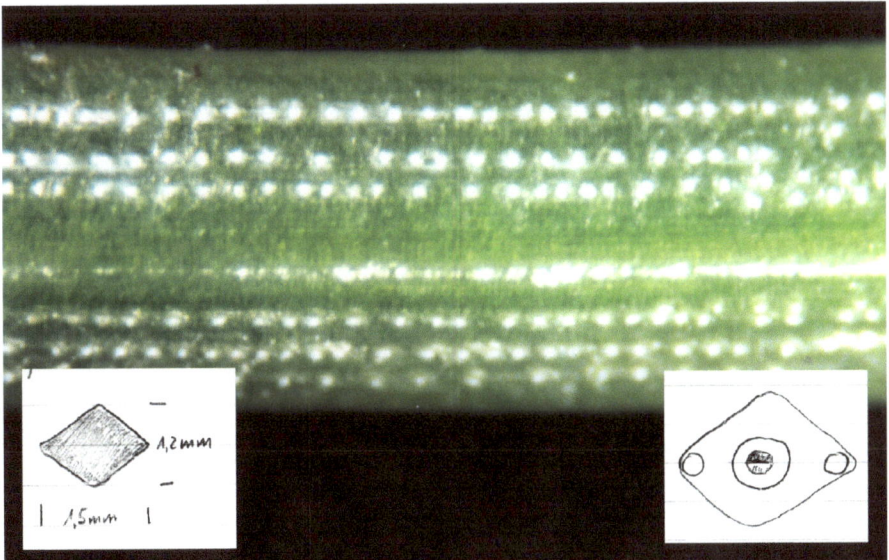

Abbildung 31: Blaufichtennadel mit Querschnitten

Der Grundbauplan der Nadeln entspricht dem der Kiefernadeln: zentral findet man ein kompliziert gebautes Leitbündel, seitlich davon in den Blattwinkeln zwei

Harzgänge (Abbildung 33). Im Detail bestehen jedoch erhebliche Unterschiede zu den Kiefernadeln.

Die Epidermis zeigt einen gegenüber den Kiefernadeln invertierten Aufbau. Außen liegt eine sehr dicke Kutikula als Schutzschicht, darunter liegt eine Schicht flacher, stark verzahnter Epithelzellen. Erst die dritte Schicht besteht aus verholzten

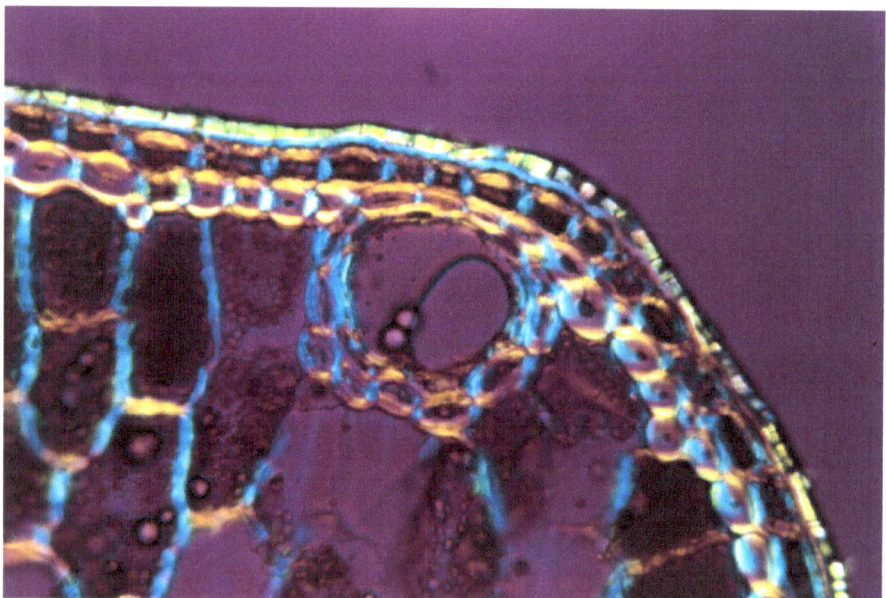

Abbildung 32: Rand mit Harzgang

Stangen, die massiv sind und in Längsrichtung keine Zellgrenzen aufweisen. Diese sehr stabilen Stangen sorgen für die hohe Steifigkeit der Nadeln (Abbildung 32).

Die Spaltöffnungen besitzen ebenfalls einen anderen Aufbau. Sie befinden sich in Zonen ohne massive Stränge und besitzen einen etwas größeren Abstand als diejenigen der Kiefernadeln. Zwischen den Spaltöffnungen befinden sich keine Pufferzellen; die beiden Deckzellreihen, die eine Spaltöffnungsreihe aufbauen, sind im Bereich der Spaltöffnungen lediglich stark verschmälert. Im Querschnitt erweisen sich die Schließzellen sehr tief eingesenkt und von einer Reihe Lagerzellen umgeben. Die Kutikula reicht bis in die Spaltöffnungsgrube hinab (Abbildung 38).

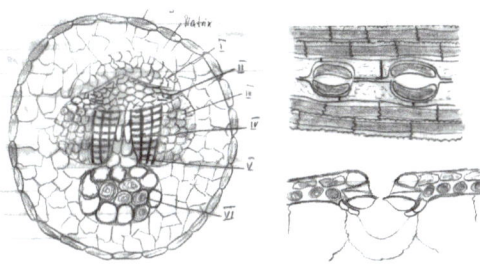

Das zentrale Leitbündel ähnelt dem der Kiefern, besitzt jedoch noch mehr verschiedenartige Strukturelemente (Abbildung 34, Abbildung 35). Im Querschnitt zeigt sich zunächst ein Abschlussring und eine Matrix aus kubischen Zellen mit Tüpfeln. Die Matrixzellen besitzen ein strukturreiches Plasma mit

Abbildung 33: Leitbündel und Spaltöffnungen

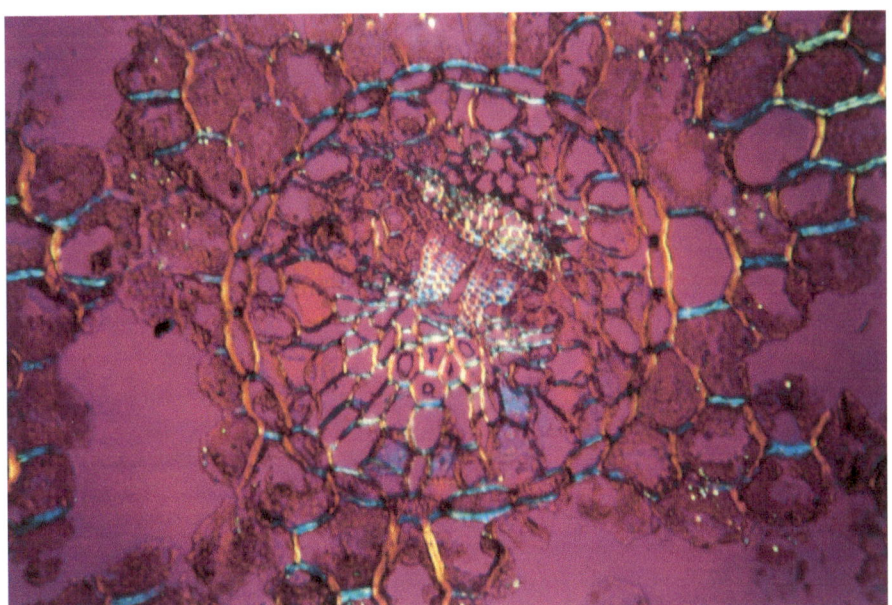

Abbildung 34: Leitbündel

Körnchen bis Chloroplastengröße, jedoch völlig farblos.

In der unteren Hälfte, die wieder rot bzw. Blau einfärbbare Zonen aufweist, lassen sich im Gefrierschnitt sechs verschiedene Bereiche identifizieren (Abbildung 39).

I.   am oberen Rand enthält hauptsächlich Ringgefäße,

II. ebenfalls oben, enthält gestreckte Zellen mit Tüpfeln,

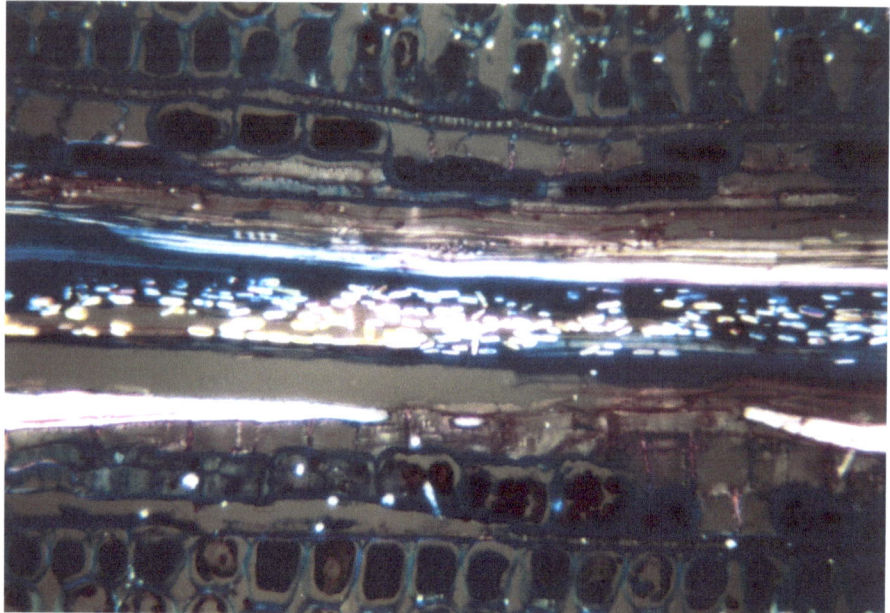

Abbildung 36: Kristallite in Bereich V

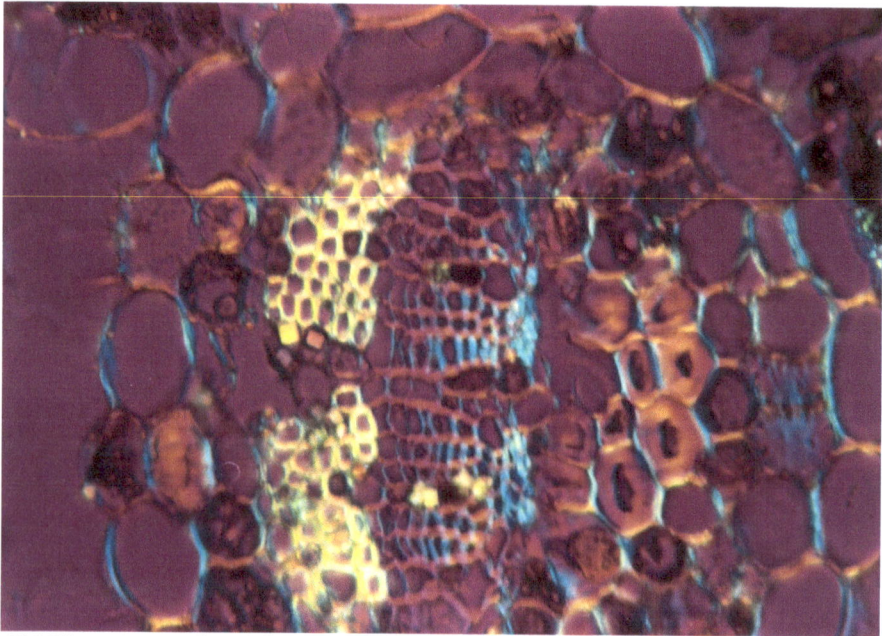

Abbildung 35: Leitbündel im Detail

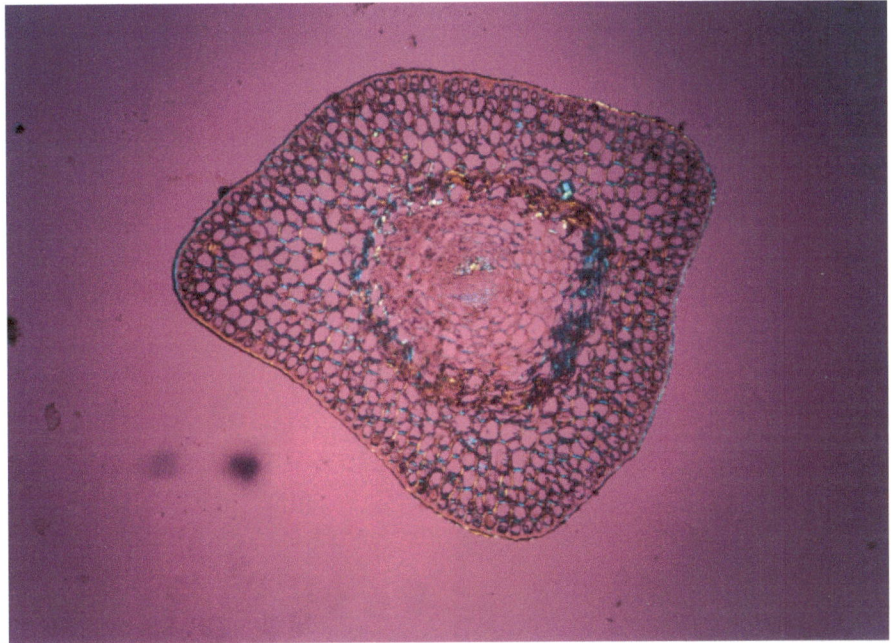

Abbildung 37: Stielchen der Nadel, quer

III. im Außenbereich und

IV. im Innenbereich enthalten langgestreckte Zellen, wobei die Zellen aus III größer sind und große Zellkerne aufweisen, während die Zellen in IV im Inneren stärker strukturiert sind,

V. enthält große Mengen an Kristalliten. Im gefärbten Präparat ist dieser Bereich in weitere drei Unterbereiche gegliedert (Abbildung 36).

VI. ist mit den Stützrohrsysteme der Epidermis identisch.

Im Nadelstiel zieht sich die verholzte Zone relativ weit nach oben. Der verholzte Bereich geht in eine Sollbruchstelle über, an der die Nadel später abfällt. Er beschränkt sich auf Stabzellen und das durchgehende Leitbündel. Harzgänge überbrücken diese Stelle nicht; auch im Stielbereich sind keine Harzgänge zu finden. Die Harzkanäle der Blätter bilden somit geschlossene Lakunen, die nicht mit anderen Harzleitungssystemen des Baumes verbunden sind (Abbildung 32, Abbildung 37, Abbildung 40).

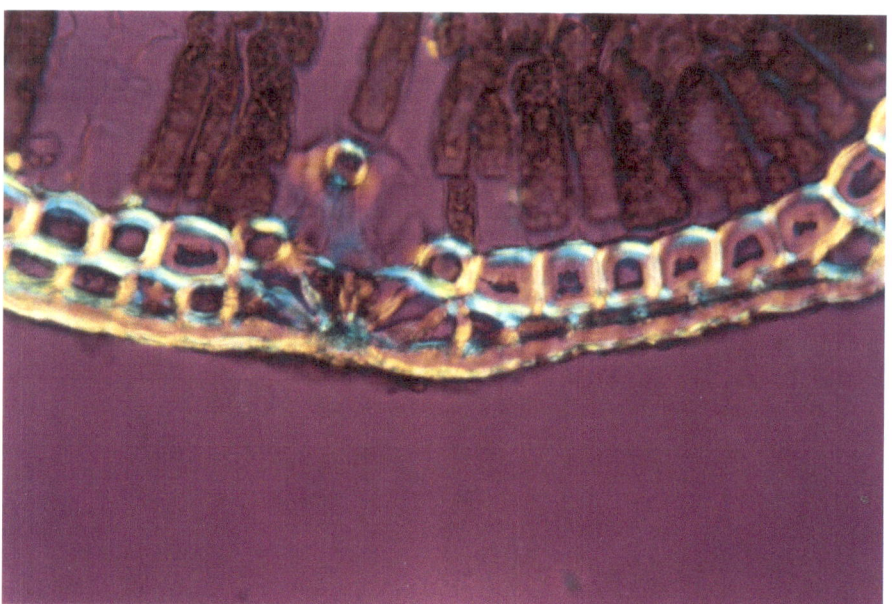

Abbildung 38: Spaltöffnung, Rand

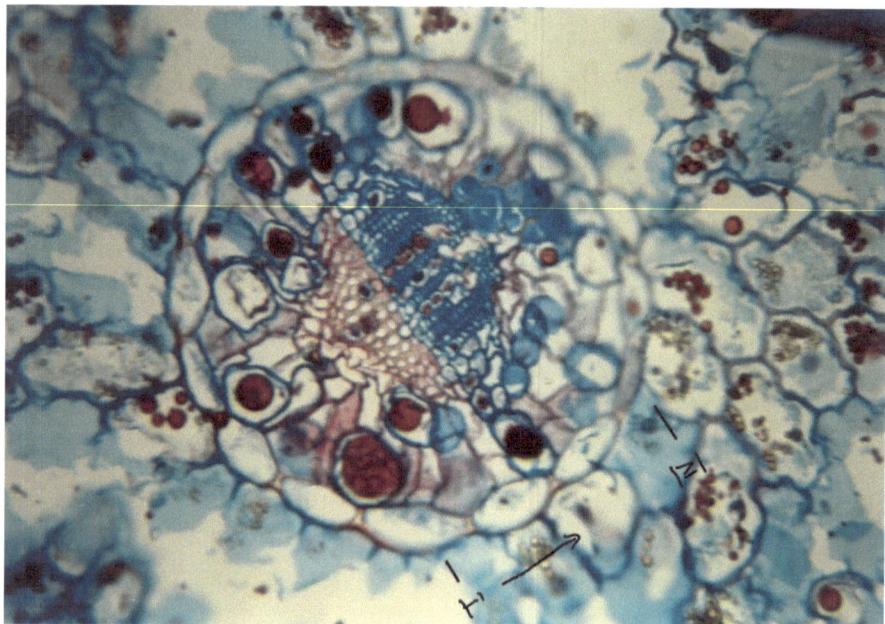

Abbildung 39: Blaufichte, zentrales Leitbündel

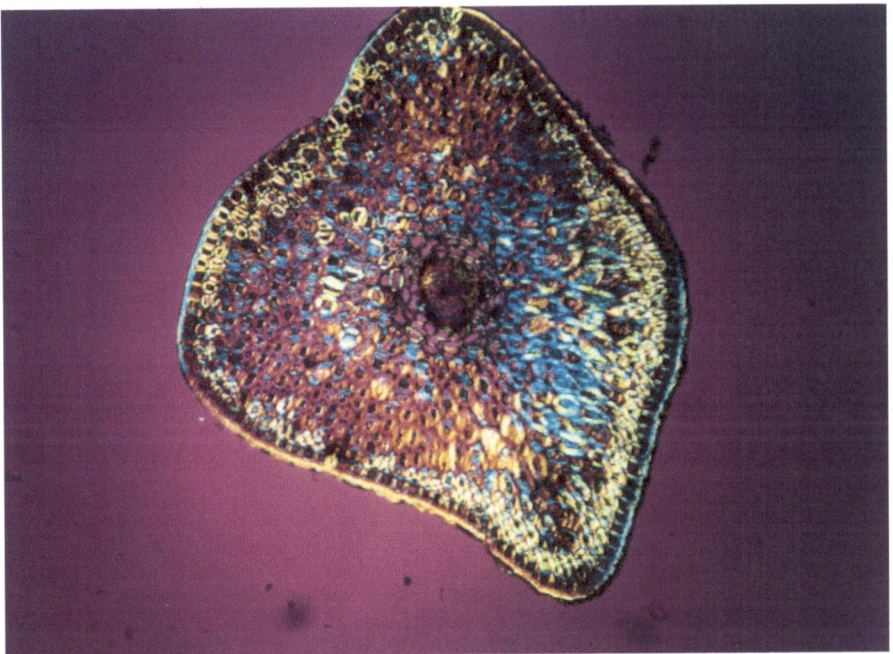

Abbildung 40: Nadelfuß

3.2. *Picea sitchensis, Sitkafichte*

Die dunkelgrüne, mäßig steife Nadel erreicht eine Länge von 15 mm. Die Form ist rhombisch mit wenig ausgeprägten Kanten auf der kürzeren Achse, die nur ca. 0,9 mm im Gegensatz zu den 1,6 mm der dickeren Achse erreicht.

Auf der Oberseite der Nadel finden sich im Gegensatz zur Blaufichte keine Spaltöffnungsreihen, dafür aber fünf Reihen auf der Blattunterseite. Der Bau der Epidermis und der Spaltöffnungen ist identisch zu dem der Blaufichte, die Blätter enthalten aber keine Harzgänge. Die Gefrierschnitte zerfallen sehr leicht, d.h. die Nadel ist deutlich weniger stabil als die der Blaufichte. Insbesondere die Assimilationsschicht ist weniger kompakt.

Das zentrale Leitbündel besitzt den gleichen Aufbau wie das der Blaufichte. Bereich II ist gegenüber Bereich I auf etwas das Verhältnis 2-3:1 vergrößert, ebenso Bereich IV gegenüber Bereich III. Die Zellen in Bereich III sowie die des Matrixgewebes weisen Öltröpfchen im Inneren auf, die einen Ersatz für die fehlenden Harzgänge repräsentieren könnten. Die Zellwände des Bereichs IV sind so dick, dass die Zellen fast völlig geschlossen sind.

Gesonderte Zeichnungen oder Fotos wurden von dieser Art nicht angefertigt, da die Ähnlichkeiten zur Blaufichte sehr groß sind.

4. Abies, Tanne (Pinaceae)

4.1. Abies alba, Weißtanne

Die Weißtanne besitzt einzel stehende dunklegrüne Nadeln von ca. 15 mm Länge und 2,3 x 0,9 mm Querschnitt. Die Nadeln sind kurz gestielt, deutlich gescheitelt und enden in zwei abgerundeten Spitzen. Die Unterseite besitzt zwei Streifen mit je acht unregelmäßigen Spaltöffnungsreihen, die Oberseite besitzt keine Spaltöffnungen (Abbildung 41).

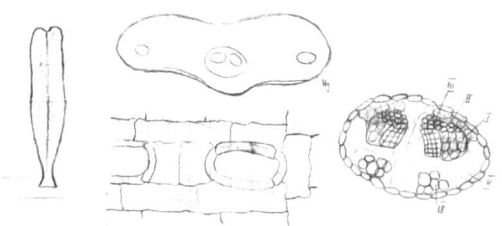

Abbildung 41: Nadel, Nadelquerschnitt, Spaltöffnung von Oben und Leitbündel

In den Flügelbereichen der Nadel liegt beiderseits je ein Harzgang, deren Abgrenzungszellen dicke, polarisiertes Licht strak brechende Zellwände aufweisen. Die Epidermis besteht aus einer dicken Kutikula mit einer darunter befindlichen Schicht rundlicher Zellen. Die Kutikula ist äußerst inhomogen, wie Schnitte und Mazerat aufzeigen. Im polarisierten Licht erscheind sie als ein bunter Flickenteppich ohne ordnende Strukturelemente. Die Zellen sind langgestreckt, ohne Stäbe wie bei den vorhergehenden Gattungen zu bilden. Die Stabilität der Epidermis wird nicht durch ein Verbundsystem gewährleistet, sondern gleicht eher dem Plattengewebe von Damaszenerstahl.

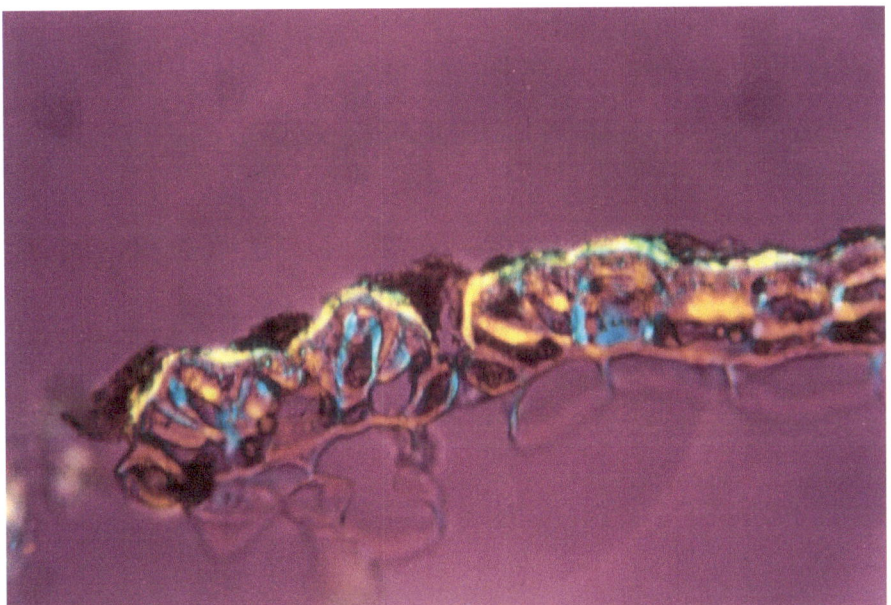

Abbildung 42: Spaltöffnung quer

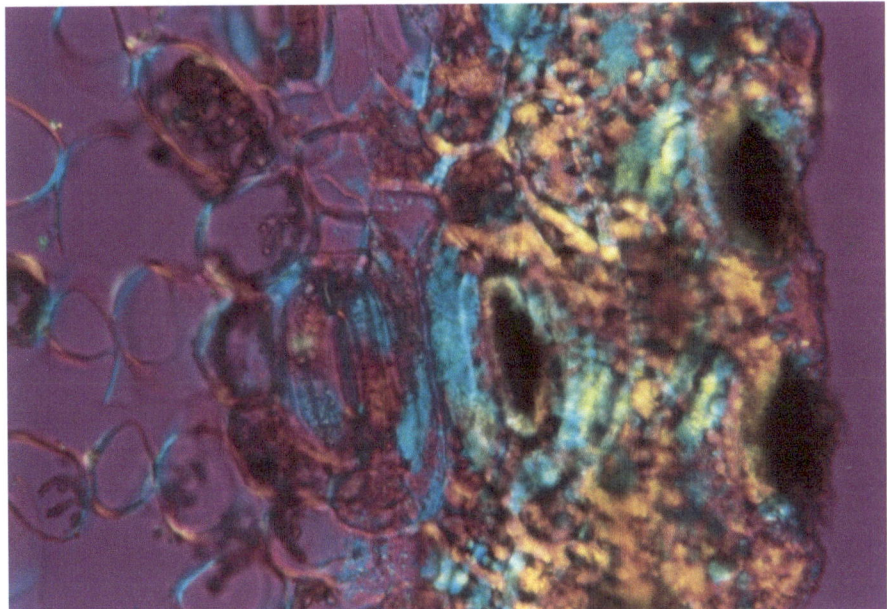

Abbildung 43: Mazerat, Spaltöffnung und verholzter Teil

Die Spaltöffnungen werden durch mehrere Zellen eingefasst. Die Schließzellen liegen sehr tief im Blattinneren und besitzen eine aufwändige Lagerung aus Stützzellen. Die Unterschiede zu Kiefer oder Fichte sind bedeutend. Das Assimilationsgewebe ist jedoch auch bei dieser Art schichtweise in der Nadel angelegt (Abbildung 42, Abbildung 43).

Das zentral liegende Leitbündel zeigt mehr oder weniger den klassischen Aufbau: ein Zellring grenzt das Leitbündel gegen das Assimilationsgewebe ab. Im Inneren finden sich zwei etwas aus der Mitte herausgeschobene Kerne mit folgender Feinstruktur (Abbildung 41, Abbildung 44):

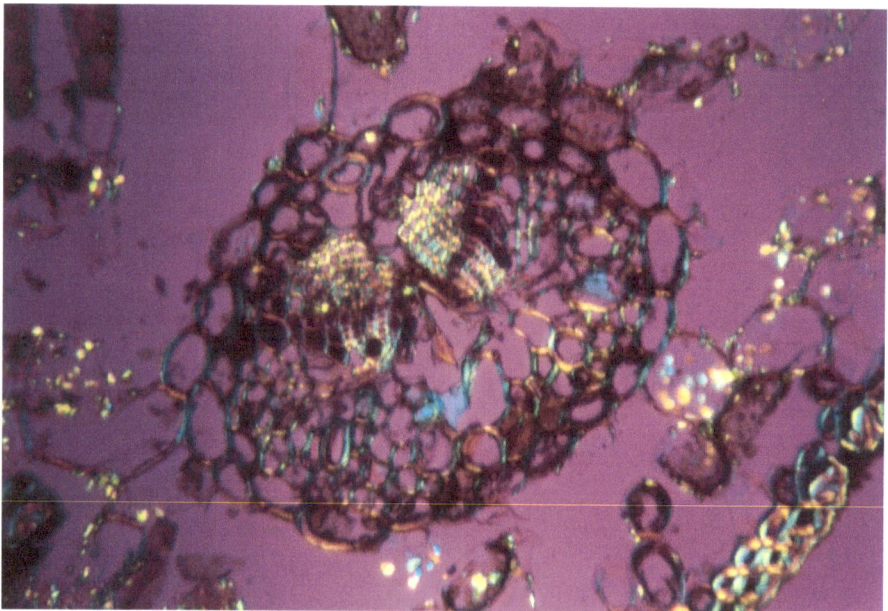

Abbildung 44: Leitbündel, Weißtannen-Nadel

I.   enthält Zellen mit einem körnigen Zytoplasma

II. enthält Ringgefäße

III. enthält langgestreckte Zellen mit Tüpfelverbindungen im Verzahnungsbereich sowie langgestreckten kubischen Zellen, die mit Kristalliten gefüllt sind

IV. enthält langgestreckte rundliche Zellen oder Gänge mit stark doppelbrechenden glatten Wänden

V. enthält unregelmäßig geformte Zellen mit Poren in den Wänden, jedoch ohne weiteren Inhalt.

In den Randzonen des Bereichs I. sind "Rundumtüpfelzellen" in der Matrix vorhanden. In anderen Zonen werden die Tüpfel mehr auf Poren reduziert.

Der Bau der Nadeln spiegelt die Familienverwandtschaft mit Kiefer und Fichte wieder. Der Bau der Epidermis und die Details des Leitbündelbaus weisen Kiefer und Fichte aber verwandtschaftlich einander näher stehend aus, auch wenn im täglichen Gebrauch eher Fichte und Tanne miteinander verwechselt werden.

4.2. *Abies concolor, Colorado- oder Grautanne*

Die Grautanne weist ein anderes Nadelschema auf als die Weißtanne. Die Nadeln sind dunkelgrün, ca. 40 mm lang und besitzen einen Querschnitt von 2,1 x 0,7 mm. Auf der Oberseite sind 10, auf der Unterseite 2 x 5 Spaltöffnungsreihen zu finden, die farblich aber nicht so stark abgehoben sind wie bei anderen Arten (Abbildung 46, Abbildung 47).

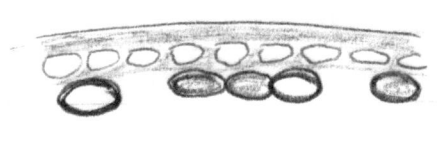

Abbildung 45: Epidermis, Querschnitt

Im Querschnitt sind kaum Unterschiede zur Weißtanne zu finden. Lediglich die Epidermis ist locker dreischichtig aufgebaut, wobei die dritte innere Schicht nur unregelmäßig mit Zellen besetzt ist. Die Zellen dieser Schicht besitzen entweder sehr dicke Wandungen oder sind vollkommen gefüllt. Es handelt sich hierbei um die schon mehrfach gefundenen Endloskabel unter einer pflasterartig verzahnten Epithelschicht (Abbildung 45).

Die Harzgänge im Blatt reichen nicht bis in den Stamm hinein; im Stamm selbst befinden sich die Harzkanäle in der Nähe des Marks und machen ebenfalls keine Zweige in Richtung der Nadeln auf.

Die Untersuchungen wurden an Zweigen durchgeführt, die bereits länger abgeschnitten waren. Während die Nadeln der anderen Arten nach relativ kurzer Zeit verblassen und abfallen, behalten die Nadeln der Grautanne teilweise über Monate

Abbildung 47: Zweig mit Nadeln

Abbildung 46: Spaltöffnungsreihen

ihre dunkelgrübe Farbe unverändert bei und haften am Stamm. Dies deutet auf eine höhere Trockenheitsresistenz dieser Art hin.

4.3. Nadelbäume im heimischen Wald

Die deutschen Wälder sind nahezu ausschließlich Wirtschaftswälder, und der meist gepflanzte Baum ist die Fichte. Dies liegt an der relativ kurzen Zeit von ca. 80 Jahren, bis das Holz geschlagen werden kann. Buchen benötigen im Schnitt 120 Jahre, Eichen noch länger bis zur Schlagreife. Lediglich auf sandigen, trockenen Böden findet man anstelle der Fichte häufig auch Kiefern.

Dabei gehören beide Arten nicht zum natürlichen Baumbestand. In der natürlichen Entwicklung wären die Wälder in Deutschland überwiegend Buchen- oder Buchen-Eichen-Mischwälder,[1] in trockenen Gebieten auch Eichen-Birken-, in feuchte Eichen-Erlen-Mischwälder. Fichten und Tannen beschränken sich auf den südlichen Gebirgsrand mit Schwarzwald, Alpen und bayerischem Wald, sind aber auch hier teilweise in Konkurrenz zu Buchenwäldern.

Fichten und Tannen werden mit 60-70 m deutlich Höher als Buchen (40 m) oder Eichen (35 m). Die Lebenserwartung liegt mit ca. 600 Jahren ebenfalls höher als die der Laubbäume (Buchen ca. 250, Eichen ca. 400).[2] Das Geheimnis der Verbreitung liegt in der Lichtnutzung der Arten.

- Buchen bilden sehr dunkle Wälder, sind aber auch in der Lage, in sehr dunklen Umgebungen zu wachsen. Buchenschösslinge entwickeln sich im dunklen Untergrund der Buchenhochwälder so weit, dass ein wenig Licht durch Astwurf oder ähnliches genügt, einen neuen Baum in die Lücke wachsen zu lassen.

- Tannen sind ebenfalls in der Lage, in lichtarmer Umgebung zu wachsen, wenn auch nicht in dem Maße wie Buchen. Tannenschösslinge „lauern" dabei oft sehr lange auf ihre Chance: ein nur wenige Meter hoher „Mickerling" in einem dunkleren Wald kann durchaus 150 Jahre auf den

---

1   Es kommen natürlich noch weitere Arten wie Eschen, Ahorn, usw. vor, doch sind die genannten Arten die dominierenden.

2   Ausreißer sind natürlich möglich. So sind auch Eichen mit mind. dem doppelten Alter bekannt.

Jahresringen aufweisen. Bricht nun einer der alten Riesen zusammen und reißt eine größere Lücke in das Kronendach, „spurtet" der Tannenschössling los und schließt die Lücke. Da Tannen höher und älter werden als die Laubbäume, können sie auf für Laubbäume ungünstigen Terrain Mischwälder bilden.

● Fichten wiederum sind auf hohe Lichtmengen in der Entwicklung angewiesen, wachsen dann aber auch sehr schnell. Wie Tannen können sie Lücken schließen, haben dazu aber nur wenige Jahre Zeit.[3] Fichten können sich daher nur dann halten, wenn bereits eine bestimmte Siedlungsdichte vorliegt.

Fichten und Tannen sind an zwei Merkmalen relativ leicht zu unterscheiden:[4]

1. Fichtennadeln sind rundlich, besitzen eine scharfe Spitze und sind hellgrün gefärbt.

   Tannennadeln sind breiter, besitzen eine runde Doppelspitze und eine dunkelgrüne Farbe.

2. Fichtenzapfen hängen von den Zweigen und falls im Ganzen von den Bäumen,

   Tannenzapfen stehen auf den Zweigen und fallen auf dem Baum auseinander, so dass zuletzt nur noch die Stifte auf dem Zweig stehen. Ganze Zapfen wird man am Boden nicht bemerken.

Im Schwarzwald, bayerischen Wald und einigen Alpenbereichen bilden Fichten-Tannen-Mischwälder den natürlichen Bestand, meist mit der Fichte als Leitbaum. Das Altersspektrum dieser Wälder ist oft geringer als das von Laubbäumen, d.h. die meisten Bäume sind im gleiche Alter. Dies ist auf zwei Entwicklungszyklen zurückzuführen:

a) Fichten wurzeln sehr flach. Bei heftigen Stürmen werden daher nicht selten ganze Fichtenwälder flächendeckend niedergeworfen. Auf diesen Windwurfflächen haben Fichtenschösslinge die besten Chancen, so dass ein neuer Wald nahezu gleichalter Bäume entsteht.[5]

---

3   Fichtensamen können einige Jahre im Boden überdauern, bevor sie keimen. Bekommen die Schösslinge dann aber nicht genügen Licht, gehen sie ein. Das Zeitfenster ist also viel kürzer als bei Tannen.

4   Auch wieder bezogen auf heimische Arten.

5   Tannen besitzen tiefer reichende Wurzeln und sind daher robuster, aber wirtschaftlich weniger günstig. Die Tanne scheint wegen vieler Sturmschäden derzeit aber trotzdem auf

b) Große Monobestände sind oft empfindlich gegen Schädlinge. Bei Fichten-wäldern ist der Borkenkäfer ein gefürchteter Schädling. Auch er kann in für ihn günstigen Jahren ganze Fichtenwälder zum Absterben bringen, so dass auch in diesem Fall ein neuer Wald von gleichalten Bäumen heranwächst.[6]

5.   Larix, Lärche (Fam. Pinaceae)

5.1.   *Larix decidea, europäische Lärche*

Die Lärche besitzt mittelgrüne, in Büscheln stehende Nadeln von ca. 25 mm Länge. Sie sind, verglichen mit den Nadeln anderer Arten dieser Familie, sehr weich und werden im Herbst abgeworfen, um im Frühjahr wie bei Laubbäumen neu entwickelt zu werden. Die Lärche gehört damit zu den wenigen Nadelbaumarten mit jahreszeitbedingtem Blattwechsel.

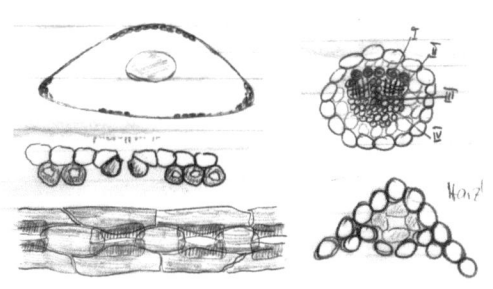

Die Nadeln besitzen oberseits 2 x 2 unregelmäßige Reihe von Spaltöffnungen, unterseits 2 x 3 Reihen. Im Querschnitt sind die 1,0 x 0,5 mm großen Nadeln linsenförmig mit einer gewölbten Ober- und einer fast flachen Unterseite. Der Grundbauplan mit gut entwickelter Epidermis, horizontal geschichtetem Assimilati-

Abbildung 48: Querschnitt, Spaltöffnungen und Harzgang

---

dem Vormarsch zu sein.

6   Im naturbelassenen Bereich des Nationalparks bayerischer Wald wurden große Bereiche Opfer des Borkenkäfers. Inzwischen wächst hier die neue Generation eines Fichtenwaldes heran. Auch wenn die Auswirkungen durch plötzliches Einstellen des Borkenkäferfangs etwas drastisch waren und der Wald für den Besucher nicht besonders ansprechend aussieht, sollte man doch bedenken, dass es sich um eine natürliche Entwicklung handelt.

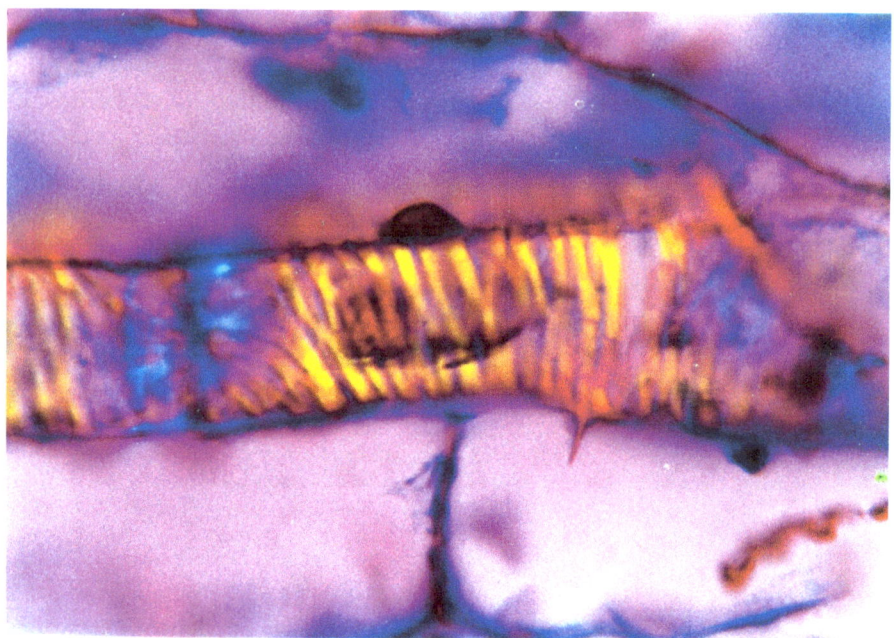

Abbildung 50: Siebgefäße

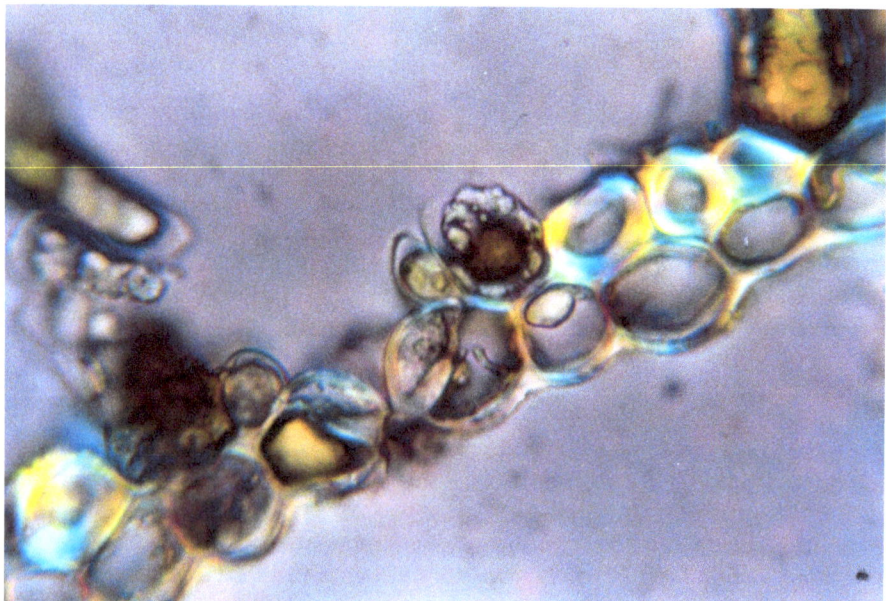

Abbildung 49: Spaltöffnung

onsgewebe und zentralem Leitbündel entspricht dem allgemeinen Bild der Familie (Abbildung 48).

Die äußere Schicht der Epidermis besteht aus länglich-pflasterförmigen Zellen mit mäßig derber Kutikula. In den Ecken sowie in den spaltöffnungsfreien Bereichen finden sich vereinzelte Kabelstränge, auch hier, wie in der Familie üblich, als Endlos-kabel ausgebildet. Sie sind jedoch in der Regel nicht vollständig gefüllt, sondern hohl und nicht miteinander verbunden.

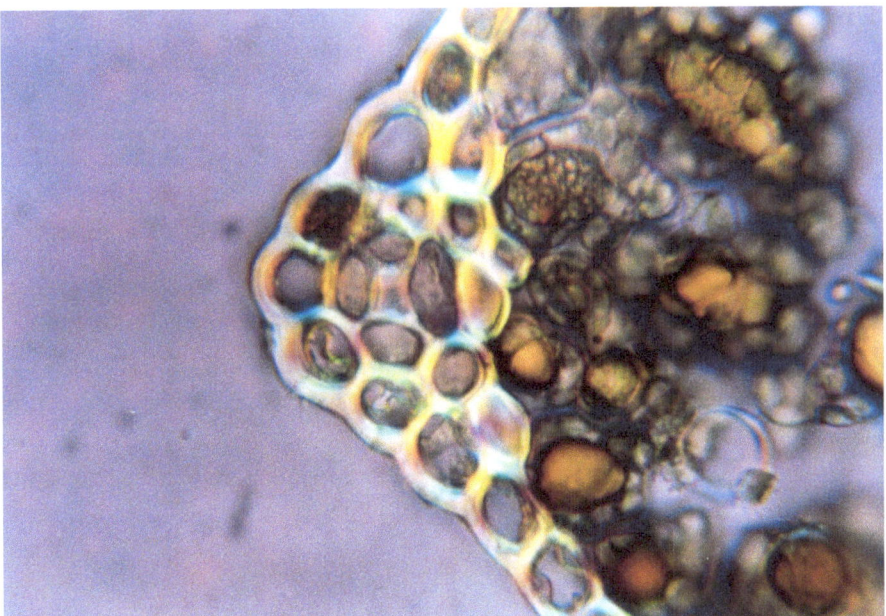

Abbildung 51: Harzgang in der Lärchennadel

Die Harzkanäle in den Nadelecken sind reduziert und sehr englumig. Der Gang besteht aus nur vier Zellen, die von stabilen Kabelzellen umgeben sind. Da die Na-deln nur für eine begrenzte Lebensdauer konstruiert sind, verlieren Harzgänge offen-bar ihre Schutzfunktion und werden rückgebildet (Abbildung 51).

Sehr weitgehende Vereinfachungen weisen auch die Spaltöffnungen auf, die in Aufsicht nur noch aus einfachen Spalten in der Epidermis bestehen, die von zwei Schließzellen ohne jede Lagerung unterlegt sind. Da keine wechselnden Jahreszeiten zu bewältigen sind, entfällt auch hier der Grund für einen konstruktiven Aufwand (Abbildung 49).

Das Leitbündel ist durch einen Zellring deutlich vom Assimilationsgewebe abgegrenzt und besteht aus den bereits bekannten Kompontenten (Abbildung 48, Abbildung 53):

I.   Am oberen Rand sind einige Kabelstränge zur Strukturstärkung eingezogen.

II.   Darunter liegt eine geteilte Zone langgestreckter, mit Tüpfeln verbundener
     Zellen.

III. Die Teilung zwischen den Zonen enthält viele Kristallite

IV. Im unteren Bereich liegen Ringgefäße.

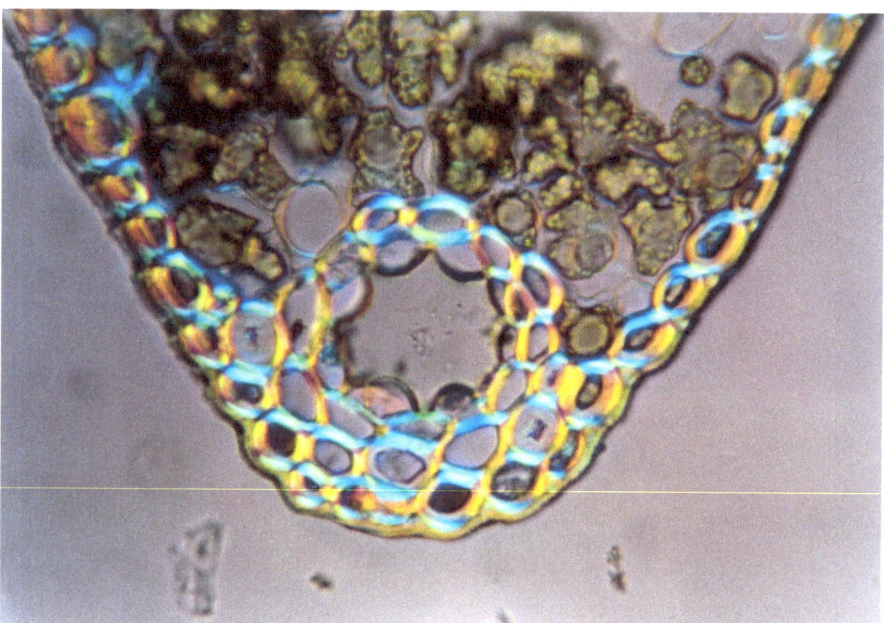

Abbildung 52: Harzgang im Jungtrieb

Die Zellwände der Matrixzellen weisen viele längliche Spalten auf, über die die
Zellen miteinander verbunden sind. Offenbar haben hier die Poren eine deutliche
Gestaltwandlung mitgemacht.

Insgesamt ist die Bauweise der Nadeln wesentlich einfacher als die der anderen
Arten. Epidermiszellen und Leitbündel weisen allerdings viele Ähnlichkeiten mit der
Fichte auf.

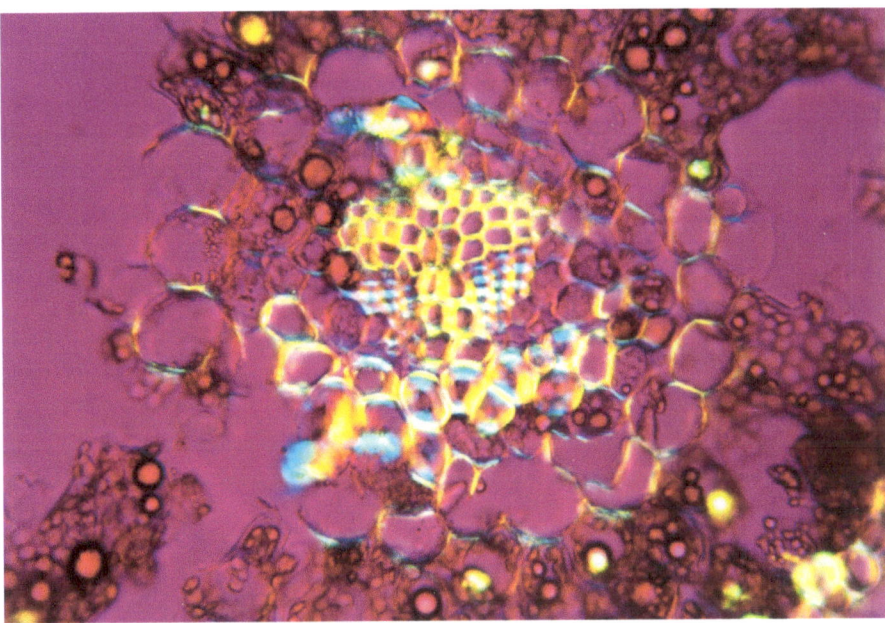

Abbildung 53: Leitbündel

Abbildung 54: Nadel eines Jungtriebs

Abbildung 55: Jungtrieb mit regulärer Knospe

Neben diesen regulären Nadeltrieben, die an Knospen des Vorjahres entstehen, bildet die Lärche noch Jungtriebe mit eine völlig anderen Struktur aus, die zum Wachstum der Zweige betragen. Da diese Jungtriebe überwiegend bei sehr jungen Pflanzen zu finden sind, kann es u.U. sogar zu Unklarheiten in der Bestimmung kommen. Die Nadeln der Jungtriebe sind etwa doppelt so lang wie die regulären Nadeln und stehen einzeln quirlig am Stamm. Die Blattbasen laufen sehr weit den Stamm hinunter (Abbildung 55). Die Nadeln besitzen ausgeprägte Harzkanäle im Inneren (Abbildung 52), die Spaltöffnungsreihen sind deutlich dichter als bei den regulären Nadeln (Abbildung 54). Eingestreut als Augen oder Knospen finden sich die Anlagen der regulären Nadeln, die jedoch erst im folgenden Jahr austreiben.

Die Lärche zählt zwar zu den in unseren Wäldern natürlich vorkommenden Nadelholzarten, ist jedoch nicht bestandsbildend, weshalb sie bei der Diskussion in Kapitel 4.3 nicht besonders erwähnt wurde.

6. Cedrus, Zeder (Fam. Pinaceae)

6.1. *Cedrus deodara, Himalaya-Zeder*

Die Zeder besitzt büschelartige Nadelstände ähnlich der Lärche. Die blaugrünen Nadeln sind stabil und dauerhaft. Im Querschnitt sind sie quadratisch-rundlich mit 0,9 mm Durchmesser und ca. 20 mm Länge. Sie besitzten in unregelmäßigen Abständen Spaltöffnungsreihen.

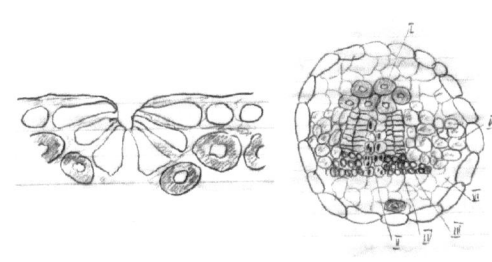

Abbildung 56: Spaltöffnung und Leitbündel

Die Epidermis ist sehr dick und stabil gebaut, das Assimilationsgewebe ist relativ dicht und weist längliche Zellen auf, die teilweise von der Epidermis bis zum zentralen Leitbündel reichen (Abbildung 57). Die Epidermis besteht aus einer dicken Kutikula über rechteckigen Pflasterzellen. Darunter liegen teilgeschlossene Kabelstränge. Das Gewebe verläuft auch im Bereich der Spaltöffnungen in dieser stabilen Form, was eine unregelmäßige Anordnung der Spaltöffnungen zur Folge hat. Die Spaltöffnungen leiten sich aus dem Epidermisepithel ab und wirken recht einfach; eine aufwändige Lagerung und Abstützung wie bei anderen Mitgliedern der Familie besteht nicht (Abbildung 59).

Das Leitbündel ist kompakt gebaut und wird durch den üblichen Zellring vom Assimilationsgewebe abgegrenzt (Abbildung 60). Die Matrix besteht aus quaderförmigen Zellen (Länge $\approx 5^*$ Durchmesser), die jeweils mehrere Reihen Poren zu den Nachbarzellen besitzen (typisch ca. 6 Reihen zu je 10 Poren). Tendenzen zur Aufweitung der Poren zu offenen Strukturen sind zwar vorhanden, aber nur gering ausgeprägt. Weiterhin findet man (Nummern siehe Abbildung 56)

I. Kabelstränge analog denen der Epidermis,

II. Senkrechte Doppelzellreihe in Richtung des anderen Pols des Leitbündels, angefüllt mit Kristalliten,

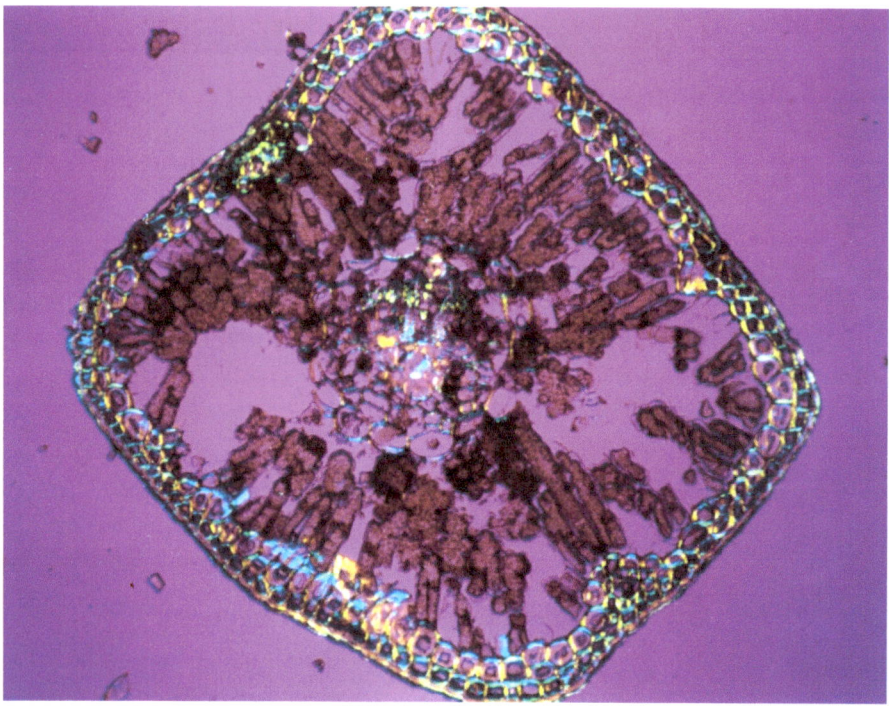

Abbildung 57: Nadelquerschnitt

III. beiderseits der Kristallitschicht Doppelreihen von rechteckigen langgestreckten Zellen mit Tüpfelverbindungen,

IV. Ringgefäße,

V. Zellen mit körnigem Cytoplasma

Nach dem Bau der Epidermis und des Leitbündels besteht Verwandtschaft zur
Lärche. Charakteristisch sind die Kabelfasern im Leitbündel, die einfachen Spaltöffnungen sowie die reduzierten Harzkanäle (Abbildung 58). Die Zedernadeln sind wesentlich stabiler gebaut als die Lärchennadeln, da sie nicht abgeworfen werden, son-
deren mehrere Witterungsperioden überdauern müssen. Der einfachere Bau und der
Nadelwechsel bei der Lärche scheint eine Sekundärentwicklung zu sein.

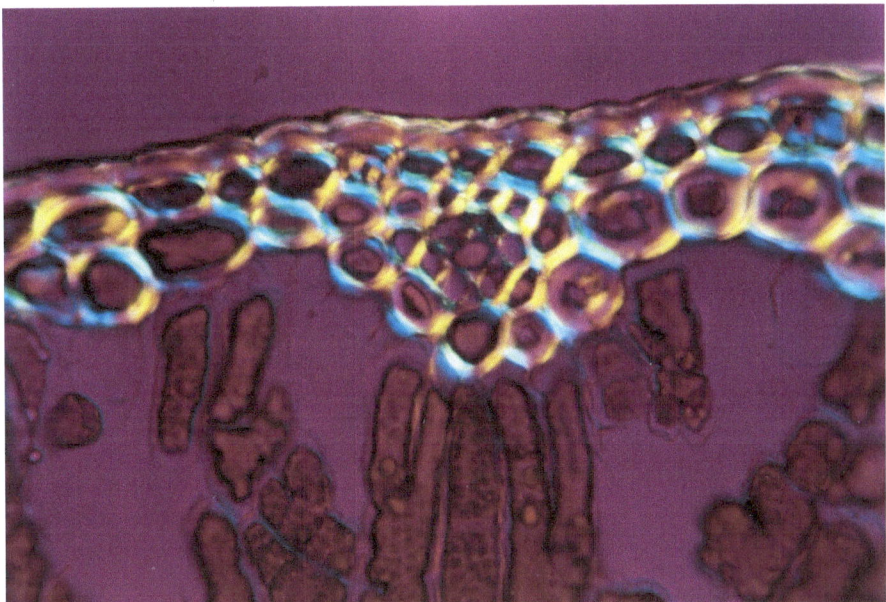

Abbildung 58: Rudimentärer Harzgang

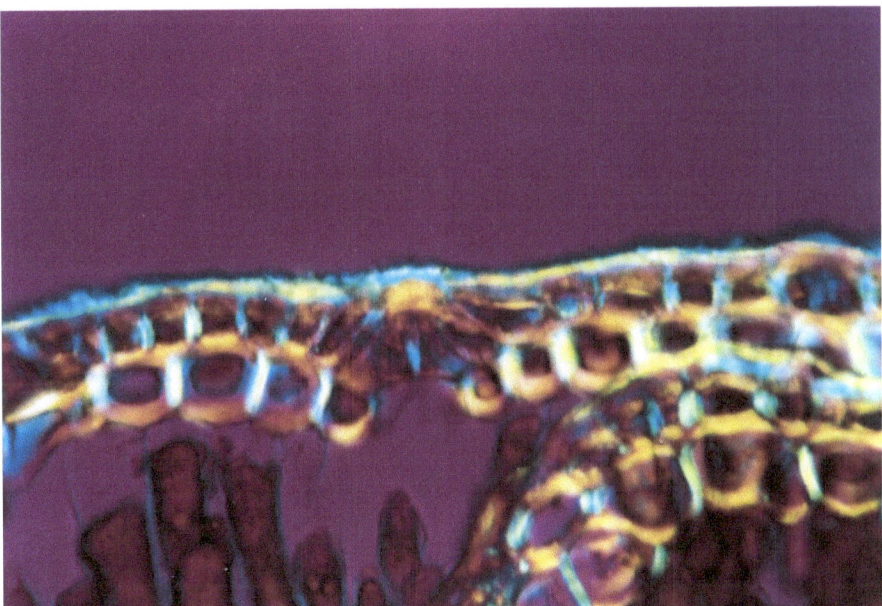

Abbildung 59: Spaltöffnung

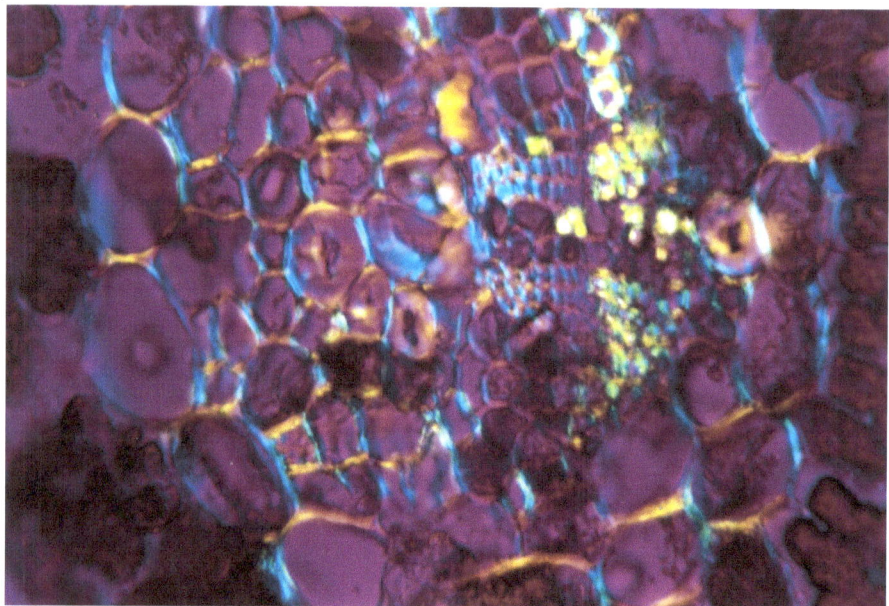

Abbildung 60: Leitbündel

7. Cupressaceae

7.1. *Juniperus communis, Wacholder*

Der Wacholder besitzt Kurztriebe, an denen die Nadeln relativ dicht und kreuz-
ständig angeordnet sind. Die Nadeln besitzen eine Länge von ca. 13 mm bei einer
Breite von ca. 1,3 mm und einer Dicke von ca. 0,5 mm. Sie sind von hellgrüner Farbe
und oberseits flach, besitzen aber unterseits eine deutliche Rippe. Auf der glatten

Abbildung 61: Blattoberseite

Oberseite finden sich Reihen mit unregelmäßig angeordneten Spaltöffnunge, die Unterseite besitzt keine Spaltöffnungen (Abbildung 61, Abbildung 65).

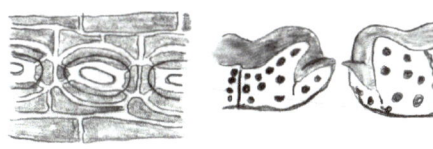

Abbildung 62: Spaltöffnungen

Die Epidermis ist in zwei Bereiche differenziert: außen und auf der Unterseite liegen unter der Kutikula und einer Schicht farbloser Pflasterzellen lange voll gefüllte Kabelstränge. Die Stränge sind aber im Gegensatz zu denen der Picaceae elastisch und weniger stark miteinander verwachsen, so dass die Nadeln biegsam und geschmeidig bleiben (Abbildung 63).

Auf der Oberseite im Bereich der Spaltöffnungen besteht die Epidermis nur aus der Kutikula und einer chlorophyllhaltigen Zellschicht. Die Spaltöffnungen sind Bestandteil dieser Schicht. Die Schließzellen scheinen nicht besonders spezialisiert zu sein, sondern lediglich etwas umfunktionierte Epidermiszellen. Lediglich die Schließlamelle fällt im Gegensatz zur Umgebung im polarisierten Licht stark auf. Der Aufbau ist verglichen mit den Picaceae sehr einfach, obwohl auch diese Nadeln Dauernadeln sind, die verschiedene Witterungsperioden überdauern müssen.

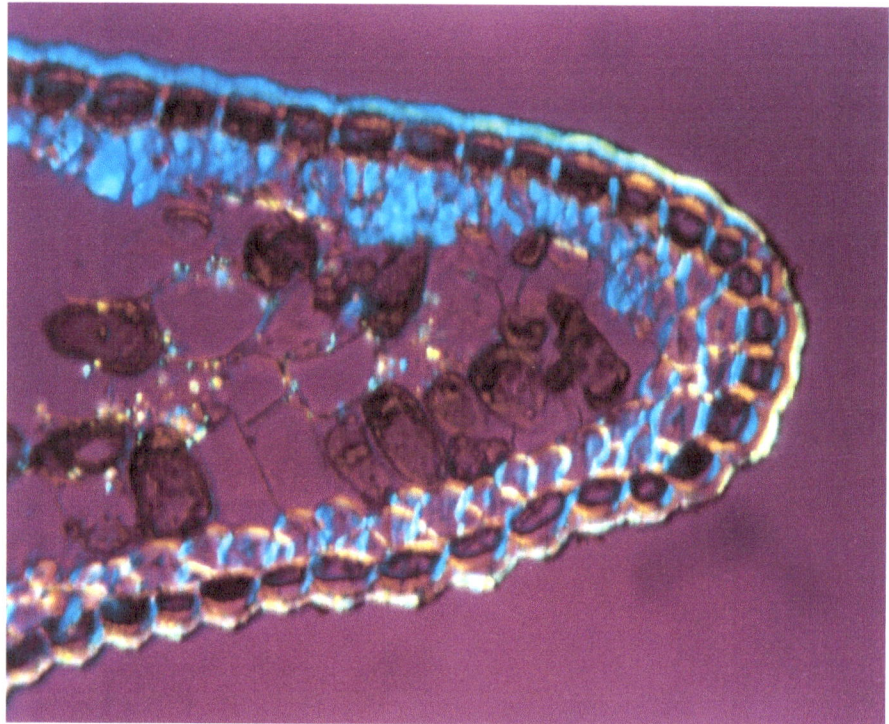

Abbildung 63: Übergang von der Ober- zur Unterseite

Das Assimilationsgewebe ist weniger streng organisiert als bei den Picaceae. Ein Schichtaufbau ist nicht vorhanden. Vielmehr liegt ein lockeres Gewebe mit Zwischenräumen vor, das mit Laubbaumblattgewebe vergleichbar ist, wenn auch deutlich weniger strukturiert als dieses.

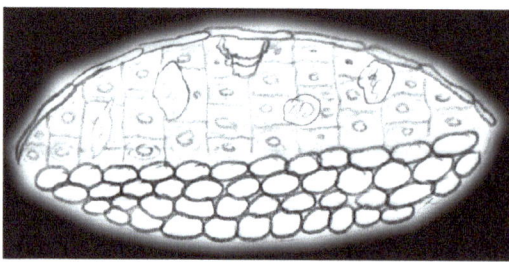

Abbildung 64: Leitbündel, schematisch

Einen einfachen Aufbau weist auch das Leitbündel auf (Abbildung 66). Es besteht im Wesentlichen aus zwei Teilen: der den Spaltöffnungen zugewandte Bereich besteht aus Ringgefäßen, die andere Hälfte aus dickwandigen, durch normale Tüpfel an den verzahnten Flächen verbundenen Zellen. Lediglich diese zweite Schicht ist

Abbildung 65: Spaltöffnungen in Aufsicht

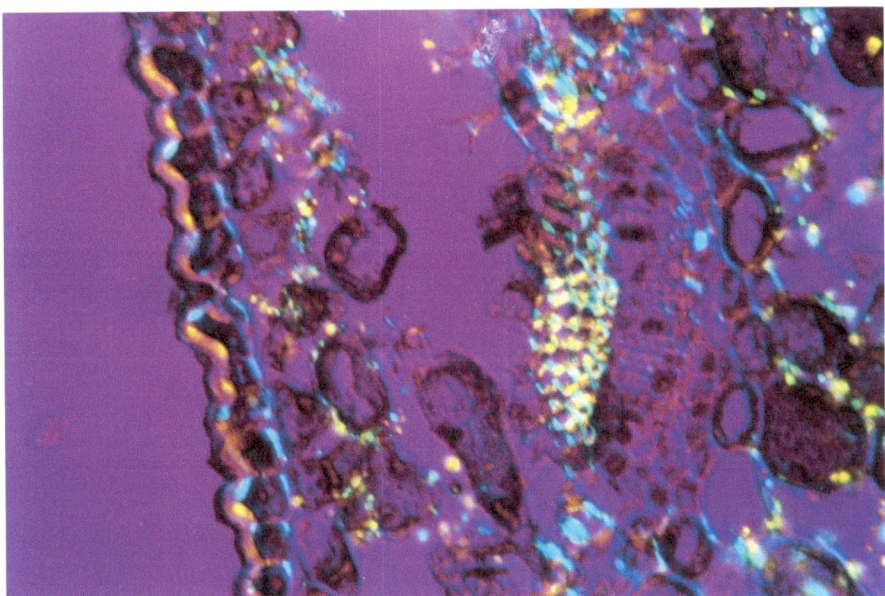

Abbildung 66: Leitbündel

durch eine Ringschicht gegen das Assimilationsgewebe abgegrenzt. Im Inneren dieser Schicht liegen einzelne größere und unregelmäßigere Zellen mit körnigem Plasma. Kristallite sind nicht vorhanden.

Der einfache Aufbau spricht für eine Urtümlichkeit der Familie, weniger für eine vereinfachende Spezialisierung. Die Kabelstränge weisen aber bereits auf eine Verwandtschaft zu den Kiefergewächsen hin.

7.2.   *Thuja plicata, Lebensbaum*

Der immergrüne Lebensbaum weist eine sehr komplexe Beblätterung auf. Jeweils vier der schuppenförmigen Blätter (nicht nadelförmig!) stehen gekreuzt auf einem Knoten des Stamms und bilden ein Rechteck mit den Maßen 2,8 x 3,3 mm bei einer Dicke von 0,7 mm (Abbildung 68). Zwei breite spaltelförmige Blätter (A und A' in der Abbildung 67) bilden dabei die innere Schicht, deren Spreiten verwachsen sind und ein einzelnes Blatt vortäuschen, welches nur an den freien oberen Ende die Herkunft aus zwei Blättern verrät. Eines der Blätter ist rein grün ohne Spaltöffnungen, das andere besitzt Spaltöffnungen in charakteristischen weißen Feldern.

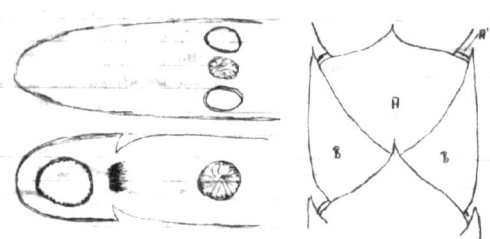

Abbildung 67: Schuppenblatt und Lage der Harzlakunen

Eingerahmt werden die beiden inneren Blätter durch zwei in der Mitte gefalteten äußeren Blättern (B und B'), wobei jeweils eine Blatthälfte mit, die andere ohne Spaltöffnungen ist. Die Ränder sind zusätzlich mit den inneren Blättern verwachsen, so dass ein kompaktes Gebilde entsteht. Die einzelnen Schuppen stehen so dicht am Stamm, dass dieser selbst nicht sichtbar wird.

Im Bereich der starken B-Blattausbildung findet sich in beiden B-Blättern jeweils eine große Harzkaverne, die in beiden Richtungen blind endet. Gleiches gilt für die beiden A-Blätter im Bereich des Blattnervs bzw. des durch die Verwachsung der Blätter eingeschlossenen Stamms.

Abbildung 68: Schuppenblättriger Trieb

Der Blattnerv läuft im Verwachsungsbereich der A-Blätter zentral, im Verwachsungsbereich der A- und B-Blätter liegt ein Nebennerv. Dieser zeigt den typischen Aufbau aus Ring- und Tüpfelgefäßen, ist aber relativ einfach (ähnlich dem Wacholder) und radiärsymmetrisch. Der zentrale Nerv ist ebenfals radiärsymmetrisch mit innenliegenden Ringgefäßen. Der Aufbau weist auf eine Verschmelzung der Einzelnerven der A-Blätter zu einem Zentralnerv hin; der schuppenförmig beblätterte

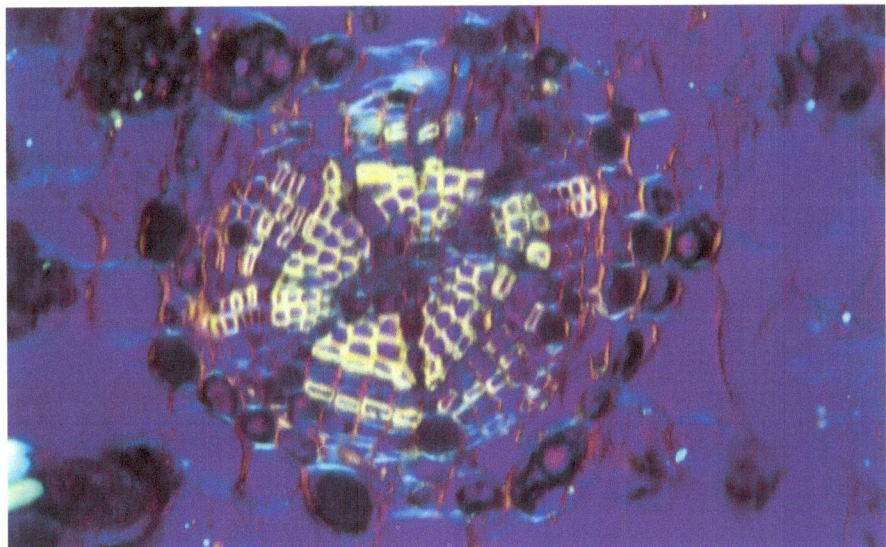

Abbildung 69: Nerv im B-Blattbereich

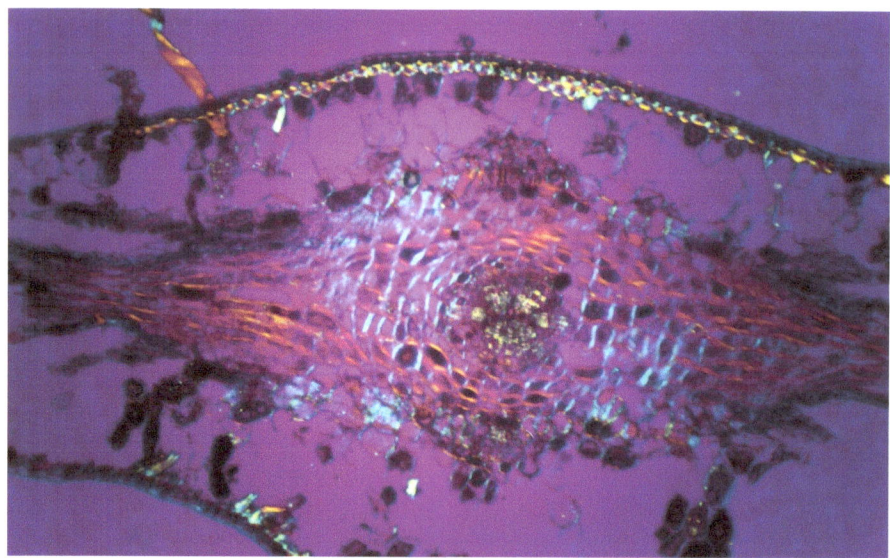

Abbildung 70: Hauptnerv zwischen den A-Blättern

Stamm ist vermutlich ein verlängerter Blattnerv mit komplizierter fiederartiger Beblätterung (Abbildung 70, Abbildung 69).

Die Epidermis besteht aus einer dicken Kutikula über dickwandigen Zellen.
Darunter liegt außer im Spaltöffnungsbereich eine Schicht aus Kabeln. Im Spaltöffnungsbereich liegt nur eine einfache Zellschicht, in die die Spaltöffnungen ohne weitere Besonderheiten eingelassen sind. Das Assimilationsgewebe besteht aus einem
offenen lockeren Gewebe.

Trotz des urtümlichen, auch hier zu findenden Grundaufbaus ist das Blatt des
Lebensbaumes in hohem Grad sekundär umgewandelt und spezialisiert.

7.3.   *Chamaecyparis pisifer, Weißzeder*

Die Weißzeder besitzt ebenso wie der Lebensbaum schuppig beblätterte Triebe (Abbildung 71). Die Blätter stehen ebenfalls gekreuzt gegenständig, sind aber weniger stark untereinander differenziert als beim Lebensbaum. Die Blätter erreichen eine Länge von ca. 2,7 mm bei einer Triebbreite von 1,0 – 1,7 mm. Die Spaltöffnungen sind nicht auf bestimmte Blätter beschränkt, sondern liegen auf allen freien Flä-

Abbildung 71: Blatttrieb

chen innerhalb weißer Flecken, die auf die Spalträume zwischen den Blättern beschränkt sind. Der Verwachsungsgrad der Blätter ist wesentlich geringer als beim Lebensbaum; der Stamm selbst ist allerdings ebenfalls nicht sichtbar.

Im Querschnitt besitzt jedes Blatt eine große isolierte Harzkaverne (Abbildung 73). Die Epidermis besteht aus einer dicken Kutikula und einer Zellschicht, unterlagert von recht filigranen Kabelfasern mit weniger als der Hälfte des sonst üblichen Durchmessers. Im Bereich der Spaltöffnungen besteht die Epidermis nur aus einer Zellschicht, in die die Spaltöffnungen eingelagert sind (Abbildung 74). Die Kutikula weitet sich durch die Spaltöffnungen in das Blattinnere. Auf der Kutikula befindet

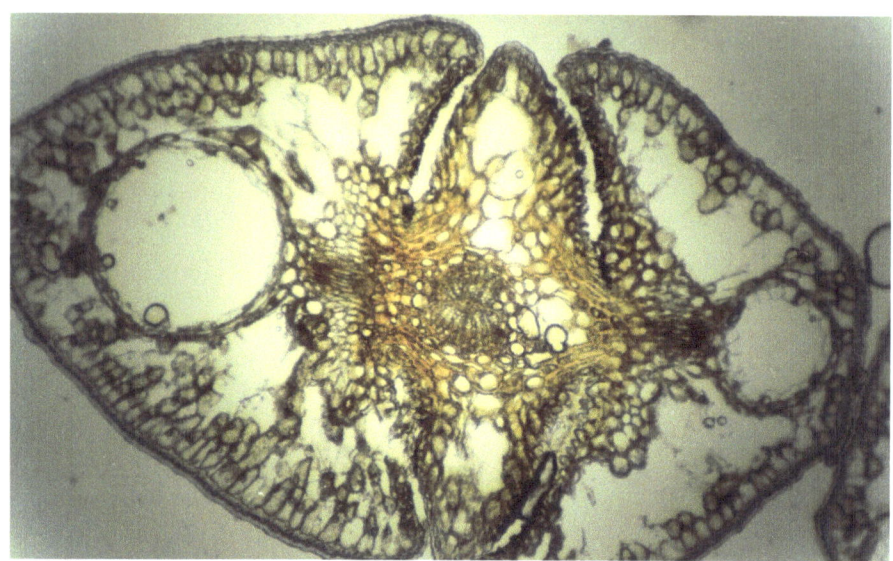

Abbildung 73: Querschnitt

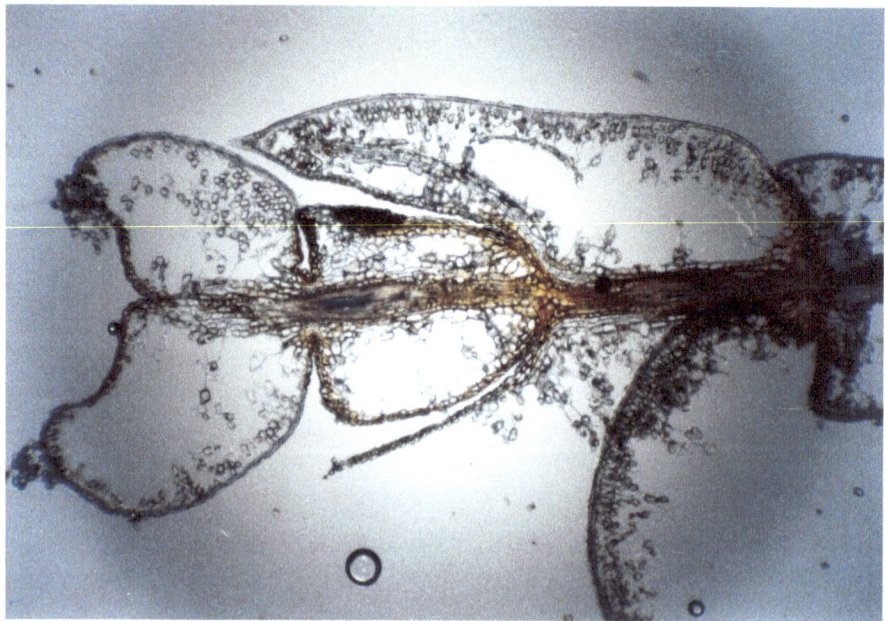

Abbildung 72: Längsschnitt durch einen Trieb

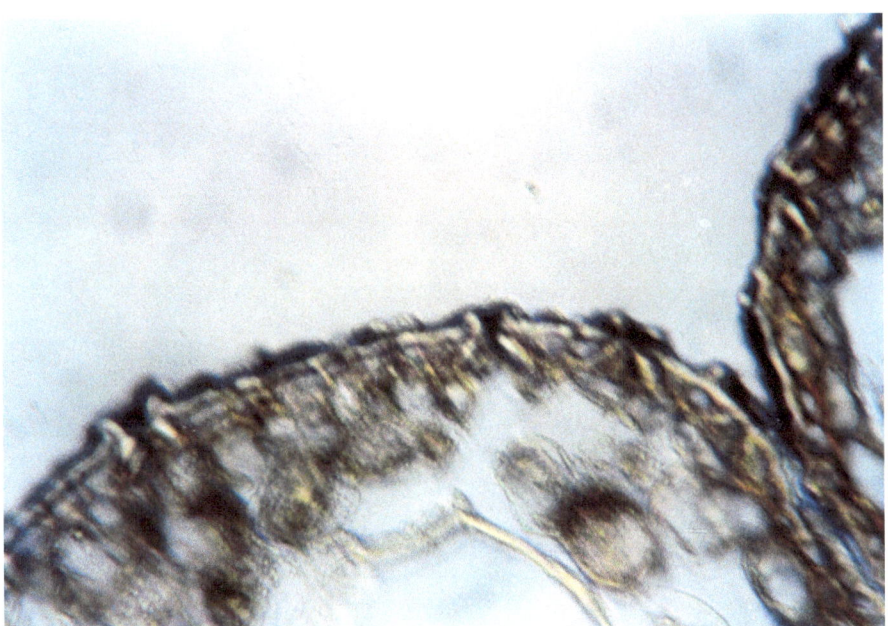

Abbildung 74: Spaltöffnungen im Blatt

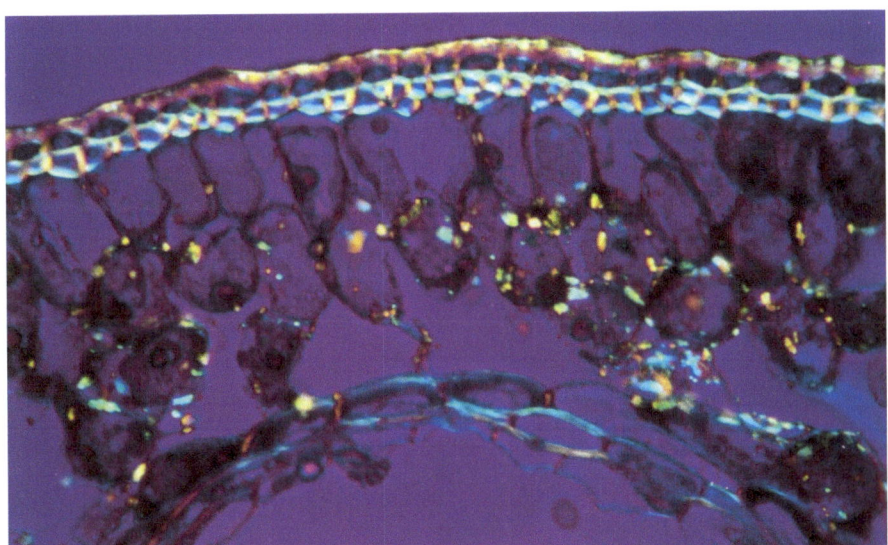

Abbildung 75: Kristallite im Assimilationsgewebe

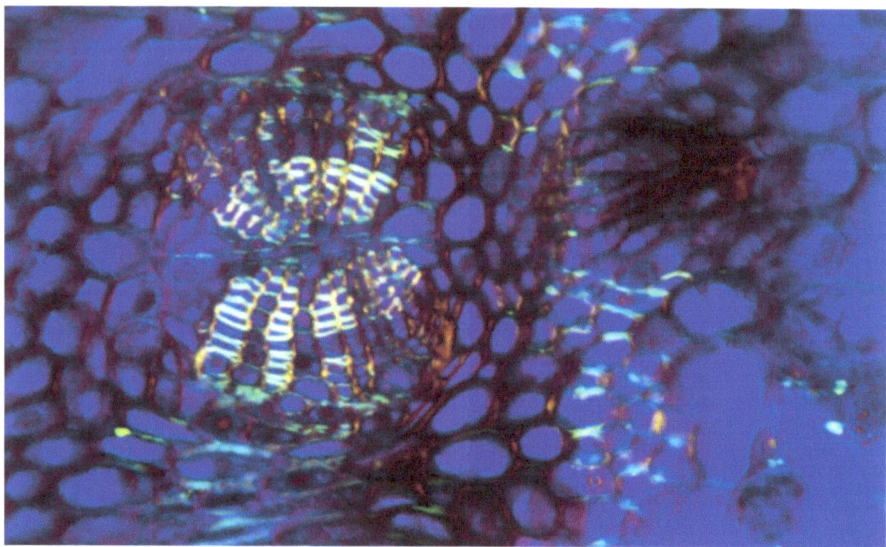

Abbildung 76: Zentraler Nerv

sich zusätzlich eine Wachsschicht, die an diesen Stellen besonders auffällt (Abbildung 75).

Der zentrale Nerv ist radiärsymmetrisch mit zenrale liegenden Ringgefäßen und außen liegenden Tüpfelgefäßen (Abbildung 76). In den Blattachseln spaltet der Nerv über eine kurze Strecke in mehrere Arme auf, die sich jedoch nicht vollständig trennen. In die Seitenblätter laufende Nerven sind nur rudimentär ausgebildet und bestehen aus dünnen Tüpfelzellbahnen, die bis in die Blattspitzen reichen. Ringgefäße sind hier nicht vorhanden. Im Assimilationsgewebe liegt relaziv locker verteilt eine größere Zahl Kristallite.

8.   Taxaceae

8.1.   Taxus, Eibe

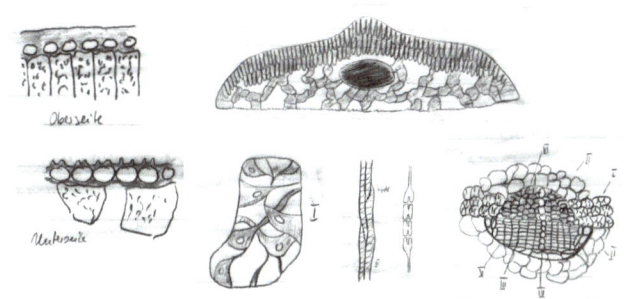

Die Eibe be-
sitzt 25 mm lange
dunkelgrüne   Na-
deln von lanzettli-
cher Form, 2,6 mm
Breite und 1 mm
Dicke. Die Obersei-
te ist leicht, aber
deutlich   gewölbt
und besitzt in der
Mitte einen ver-
dickten Nerv. Spalt-

Abbildung 77: Taxus, Blattmerkmale schematisch

Abbildung 78: Eibennadel, Unterseite

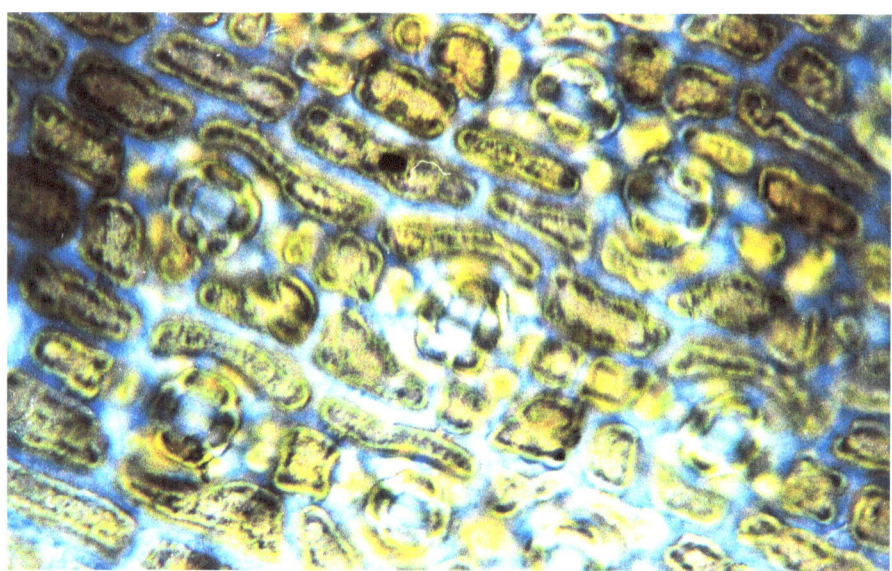

Abbildung 79: Eibennadel, Oberflächenstruktur, Blattunterseite

öffnungen sind nur auf der Blattunterseite zu finden, wo sie beiderseits der Mitte zwei Bänder von je acht Reihen bilden. Die Nadel ist weich, endet in einer Spitze und besitzt einen kurzen runden Stiel, ist aber gleichwohl eine Dauernadel, die viele Witterungsperioden überdauert (Abbildung 77, Abbildung 79).

Die Epidermis ist auf beiden Blattseiten unterschiedlich gebaut. Das Blatt weist im Inneren eine Struktur auf, die eher an Laub- als an Nadelbäume erinnert. Auf der Oberseite befindet sich eine derbe Kutikula, an deren Unterseite eine Schicht kleiner, rundlicher Zellen sitzt. Darunter liegen die großen Zellen des Assimilationsgewebes, die an dieser Blattseite keine Lücken im Gewebe aufweisen.

Auf der Blattunterseite ist die Kutikula dünner, weist aber mehrere Erhebungen auf jeder Zelle auf, so dass eine große Oberfläche resultiert. In der Aufsichtaufnahme ist das Relief sehr gut zu beobachten. Die Zellen besitzen weder Verlängerungen noch sind Kabelstränge in die Epidermis eingebaut. Das Assimilationsgewebe bildet ein lockeres Schwammgewebe auf der Blattunterseite.

Zentral im Assimilationsgewebe befindet sich der Nerv, der ebenfalls ähnlich den Blättern von Blütenpflanzen ohne scharfe Differenzierung in das Blattgewebe eingefügt ist (die sonst bei Nadelbäumen üblichen Ringezellen fehlen). Der Nerv selbst besitzt einen hohen Spezialisierungsgrad zwischen den verschiedenen Zellgruppen (Abbildung 80, Abbildung 81, Abbildung 82):

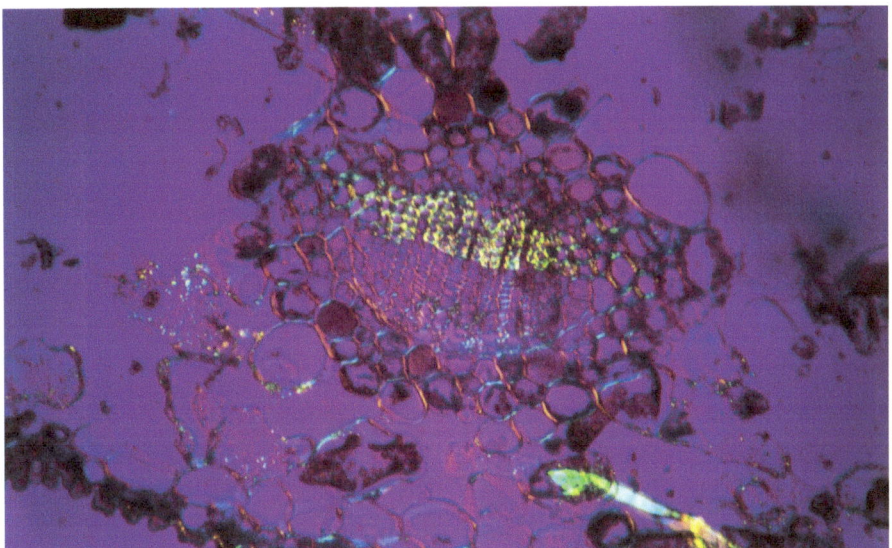

Abbildung 80: Zentrale Nerv

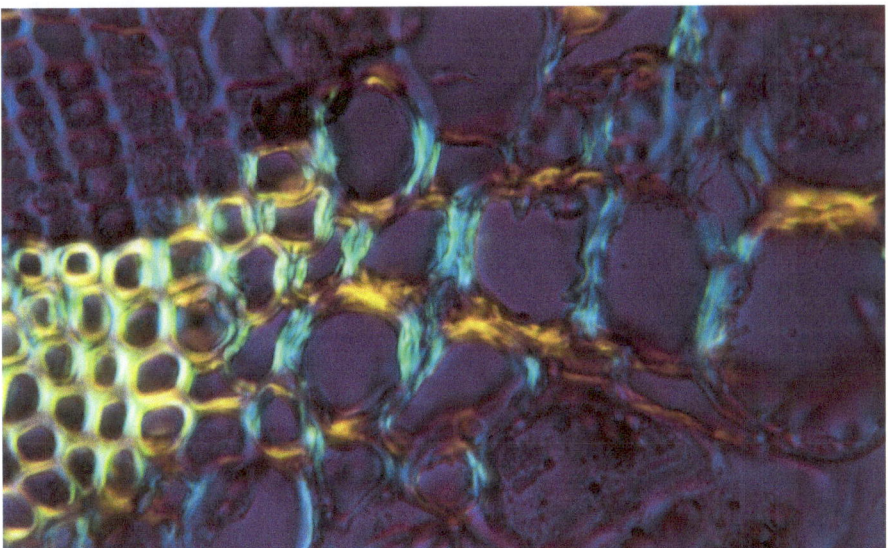

Abbildung 81: Detaulaufnahme des Zentralnervs

I.   Seitlich finden sich zwei Flügel mit Siebzellen ohne Zellinhalt,

II.   Außen liegt ein Bereich locker verbundener chloroplastenfreier Zellen,

Abbildung 82: Ring-, Netz- und Tüpfelgefäße

III. die untere Hälfte des zentralen Teils besteht aus länglichen, im Querschnitt rechteckigen Zellen,

IV. der zentrale Bereich wird durch eine senkrechte Schicht von Ringgefäßen durchzogen; die Dicke der Schicht beträgt eine Zelllage,

V. der untere Bereich wird wieder durch eine mehrlagige Schicht von Zellen des Typs II. abgeschlossen,

VI. der letzte Verband besteht aus Ringefäßen, die aber rund im Querschnitt und weniger streng ausgebildet sind als die Zellen des Typ III.

Im Längsschnitt weisen die Zellen weitere Spezialisierungen auf. Die Siebzellen (Typ I.) besitzen im Inneren ein Labyrinth aus Wänden und Strängen mit Poren, die vorzugsweise in den breiteren Bereichen liegen. Hier handelt es sich um Vorformen der Tüpfelgefäße (Abbildung 83). Die Zellformation ist jedoch so weit aufgelöst, dass eine komplette dreidimensional Matrix entsteht. Trotz der Komplexität scheint es sich hierbei aber um eine urtümliche Struktur zu handeln.

Ähnliches findet man bei den Pseudoringgefäßen des Typs VI. Bei anderen Nadelbaumspezies haben wir diese als durchgehende Endlosringgefäße diagnostiziert,

Abbildung 83: Tüpfel mit Wandverdickungen, ohne Ventile

was aber hier nicht der Fall ist. Weder die Ringgefäße im Bereich IV. noch die im Bereich VI. besitzen durchgehende Röhren; die Zellen sind gegenüber unspezialisierten Zellen nur unwesentlich verlängert und besitzen, besonders im Bereich VI., sehr dicke Zellwände. An den Verbindungspunkten zwischen den Zellen sind Tüpfelkanäle ausgebildet, die ebenfalls recht ungewöhnlich sind: die gemeinsame Zellwand wird durch einen längeren Bereich zusätzlich verdickt. Durch diese Verdickung verlaufen die Kanäle, die zentral linsenförmig erweitert sind, während der sonst übliche zentrale Ventilpropfen fehlt.

Die Eibe erweist sich damit als sehr eigenständiges Taxum, dass sich offenbar schon sehr lange von den anderen Nadelbaumarten getrennt hat und noch urtümliche Merkmale aufweist. Die Paläobotanik weist denn auch Vertreter dieser Familie bereits im Paläozoikum als eigenständigen Zweig aus. Abschließend ist noch zu bemerken, dass die Eibe in sämtlichen Teilen außer dem weichen, die Samen umhüllenden Fruchtfleisch giftig ist und Freßfeinde nicht zu fürchten hat. Im Vergleich zu den harten Nadeln der anderen Nadelbäume, die über ihre widerstandsfähige Struktur einen Abstand zu den besser verdaulichen Laubbaumblättern aufbauen, muss die Eibennadel nur der Witterung trotzen – vielleicht ein Grund für denim Verhältnis einfachen Bau.

9.   Taxodiaceae

9.1.   *Metasequioa glyptostrobiodes, Urweltmammutbaum*

Der hohe gerade Baum wächst an feuchten Standorten und ist aus Restverbrei-
tungsarealen in China eingebürgert. Die gelbgrünen Nadeln werden im Herbst abgeworfen. Dabei treten eine Reihe von Besonderheiten auf.

- Der Baum bildet neben den normalen Ästen Langtriebe mit zweizeilig ge-
  genständigen einzelnen Nadeln sowie Kurztriebe mit dem gleichen Nadel-
  standsbild. Beide Triebarten werden im Herbst komplett abgeworfen (Abbildung 84).

Abbildung 84: Metasequoia, Kurztrieb

- Die Nadeln sind beim Abwurf im Herbst noch sehr grün, so dass vermutlich
  nur ein kleiner Teil der Nährstoffe eingezogen wird und der Rest mit dem
  Nadelnabwurf verloren geht.

- Die Kurztriebe erscheinen äußerlich wie Fiederblätter. Die Blattbasen sowie die äußerlich wie ein Nerv erscheinenden Harzgänge winden sich schraubig verdreht am Kurztrieb entlang.

- Die Nadeln ähneln mehr Laubblättern als Koniferennadeln. Die Blattspreite ist 1,7 mm breit und nur wenige 1/10 mm dick bei einer Länge von 17 mm.

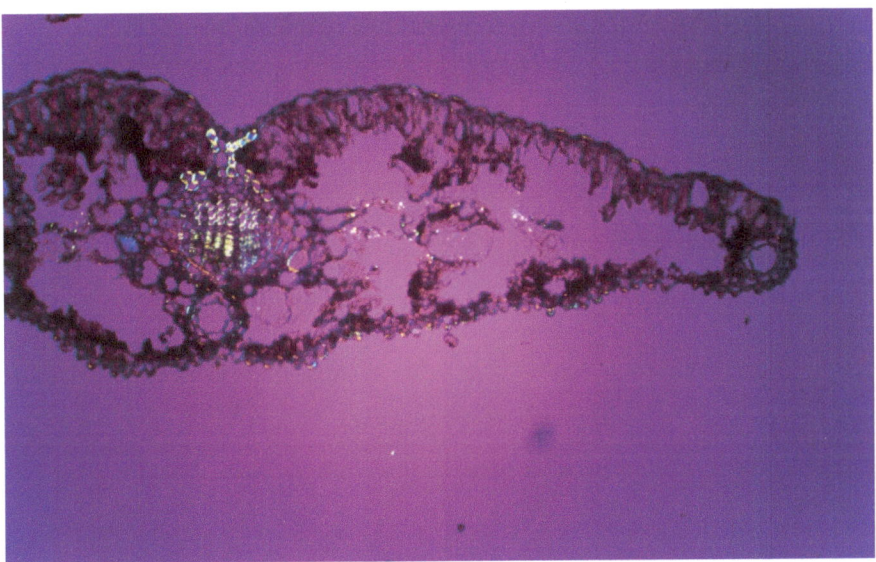

Abbildung 85: Blatt quer mit Harzgängen

Die Unterseite der Blätter ist hell. Auf ihr verlaufen Mittel- und Randnerven; die Spaltöffnungen sind unregelmäßig verteilt. Die Oberseite ist dunkler und ohne Spaltöffnungen, der Nerv ist rinnenförmig vertieft.

Das Blatt besitzt an den Blatträndern sowie unter dem Zentralnerv Harzkanäle,

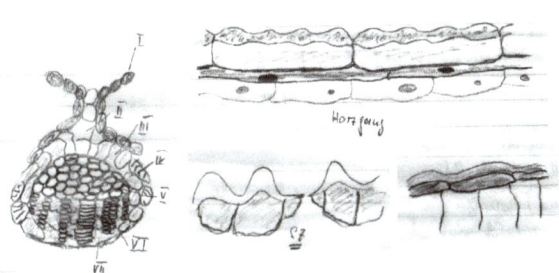

die stark genug ausgeprägt sind, um Nerven vorzutäuschen (Abbildung 85, Abbildung 86). Die Epidermis besteht aus einer dicken Kutikula und einer Schicht wellenförmig verzahnter Epithelzellen. Die Kutikula ist auf der Oberseite schwach, auf der Unterseite jedoch stark gewellt; die Zellen sind oberseits lang und flach, unten verdickt.

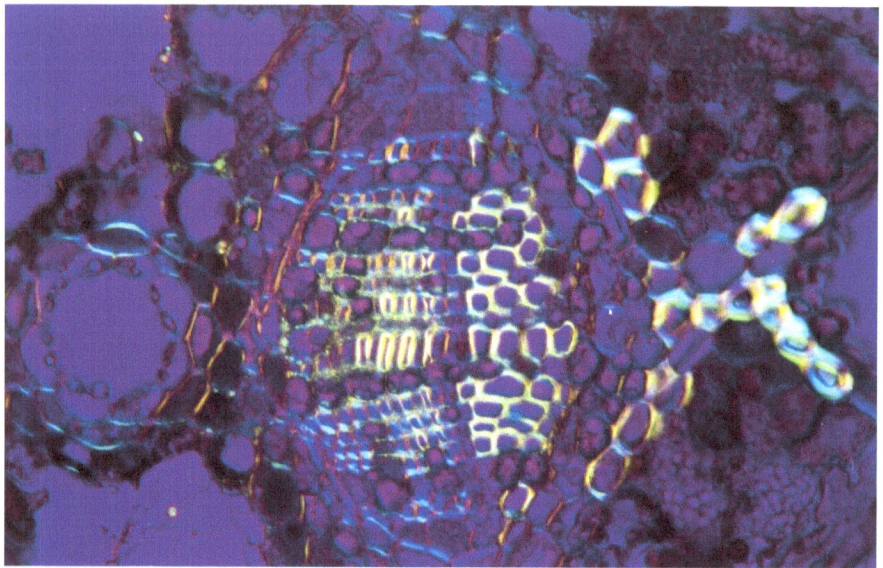

Abbildung 86: Zentralnerv mit Harzgang (links)

Die Spaltöffnungen sind ohne besondere konstruktive Elemente in die Epidermis eingefügt, Verstärkungskabel fehlen ebenfalls. Die Harzgänge sind von einer festen dünnen Mantelschicht umgeben und mit einer speziellen Zellschicht ausgekleidet.

Das Assimilationsgewebe weist im Bereich der Blattoberseite ein Palisadengewebe auf, zur Unterseite ist es locker und schwammig. Es ähnelt damit mehr Laubbaumblättern als Nadelbaumblättern.

Der Nerv ist kompliziert aufgebaut und weicht vom bislang gewohnten Konstruktionsschema ab. Nach unten grenzt er an den Harzgang, nach oben direkt an die Epidermis. Eine Kapselung ist nur teilweise zu finden. Insgesamt findet man:

I.   Eine Schicht von Kabelfasern (die einzigen im Blatt) verläuft von der Nervoberseite zur Epidermis der Blattoberseite.

II.   Im von dieser Schicht eingeschlossenen Zwischenraum liegen große leere Zellen, die miteinander in Längsrichtung durch einfache Löcher verbunden sind.

III. Seitlich bis zum Rand befinden sich Zellen mit stark körnigem Cytoplasma.

IV. Siebzellen bilden den äußeren Rand, wobei die ehemaligen Zellwände auf einzelne Fäden reduziert sind.

V. Zentral liegt eine Zone von Ringgefäßen.

VI. Tüpfelzellen, durchzogen mit plasmareichen und stark kristallithaltigen Zellstränge.

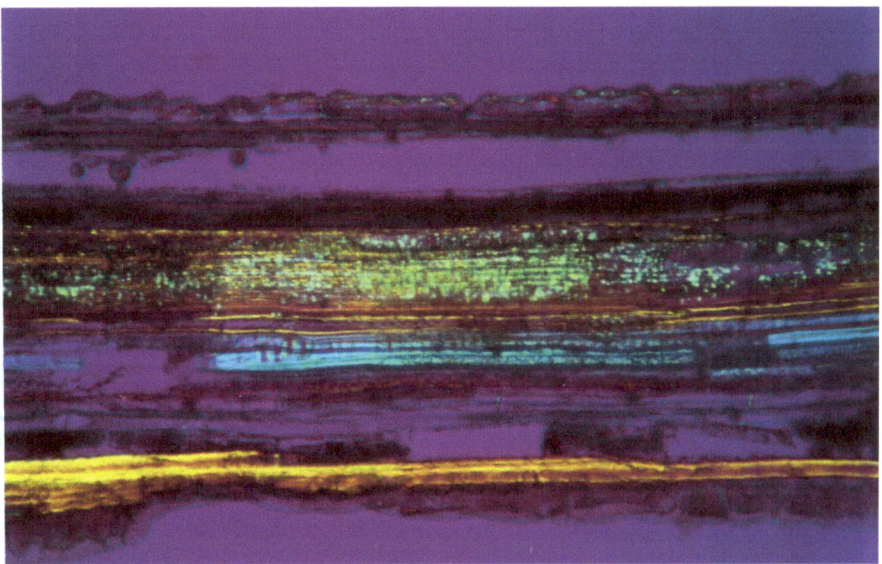

Abbildung 87: Nerv längs mit Kristalliten

Die Tüpfel sind recht primitiv, da zwar die kammerartige Aufweitung zu finden ist, nicht jedoch der Ventilpropfen. Die Kristallite bilden eher ein verteiltes Pulver als gut identifizierbare Kristalle (Abbildung 87, Abbildung 88).

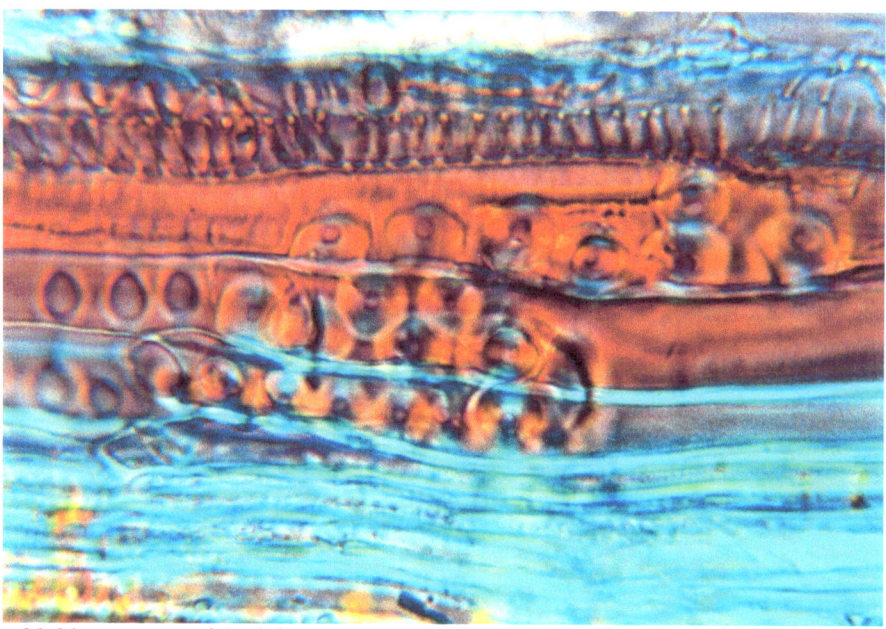

Abbildung 88: Tüpfelgefäße

Diese Konstruktionsmerkmale weisen die Gruppe als von den anderen Gruppen völlig getrennt Entwicklungslinie aus. Abgesehen von dem möglicherweise zu frühen Nadelabwurf und den einfachen Tüpfeln wirkt die Pflanze recht fortgeschritten entwickelt mit Anlehnung an die Blütenpflanzen. Möglicherweise eine Parallelentwicklung, die aufgrund der höheren Spezialisierung der Blütenpflanzen aber nicht mithalten konnte.

10. Gingkoaceae, Gingko

Der Gingko passt zwar nicht ganz in das Schema, ist jedoch eine sehr altertümliche Pflanze, so dass es sich anbietet, ihn bei den Nadelbäumen unterzubringen.

Der Gingko besitzt sommergrüne lappige Blätter mit parallelen Nerven. Die Oberseite ist glatt und relativ homogen, die Unterseite stärker skluptiert und wirkt transparent (Abbildung 89). Auf ihre sind die unregelmäßig verteilen Spaltöffnungen angeordnet. Zwischen den Nerven verläuft das Assimilationsgewebe in Form querliegender Lamellen. Auf der Fläche sind zusätzlich größere Kristalle unregelmäßig verteilt.

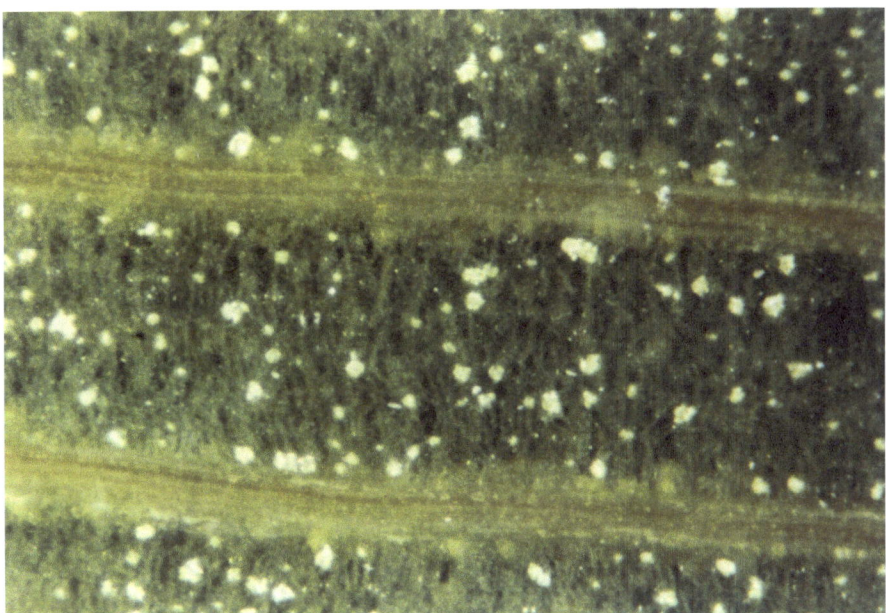

Abbildung 89: Gingko, Blattunterseite

Das Epidermisgewebe bildet ein pflasterartiges Muster, im Bereich der Nerven herrschen jedoch langgestreckte Zellen vor. Die Nerven entspringen nicht alle dem Blattstiel, sondern verzweigen sich im Blattverlauf.

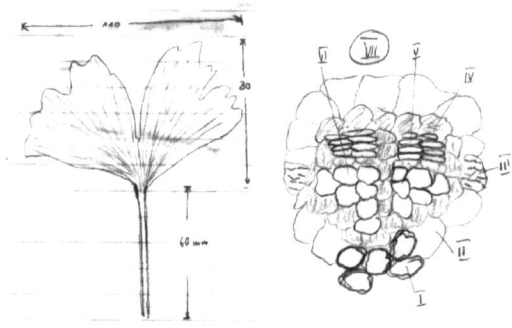

Zwischen den Nerven ver-
laufen große Harzkanäle mit
doppellagiger Wandung. Die
Kanäle besitzen aufgrund der
Verengung im Stiel keinen
Kontakt zum Stamm, sind je-
doch mit einer Art Harz gefüllt
und deshalb tatsächlich als
Harzkanäle anzusprechen. Die
Herkunft des Harzes ergibt sich
bei genauer Untersuchung des
Nervs. Dieser besteht aus (Abbildung 90):

I.   einzelnen Kabelsträngen im oberen Bereich, die jedoch weich und nur mä-
      ßig gefüllt sind und damit eine andere Struktur aufweisen als die bisher un-
      tersuchten Kabelstränge,

II.   große Zellen als Umrandung bzw. zur Trennung vom Assimilationsgewebe,

III. Siebzellen in den Flügeln,

IV.   eine Matrix grauer, plasmahaltiger großer Zellen,

V.   Tüpfelzonen mit einem sehr einfachen Tüpfeltyp, jedoch sehr hohen An-
      zahlen von Tüpfeln,

VI.   Ringgefäßen im Zentralbereich

VII. offene Zellen mit dicker Wandung.

Nur die Zellen des Bereichs I. sind im polarisierten Licht merklich doppelbre-
chend. Die äußeren Bereiche sind mit Harz gefüllt und dienen wohl auch der Harz-
leitung. Die Nervenbahnen leiten somit offensichtlich Harze in das Blatt, die sich
teilweise zu den Kristallen auf der Oberfläche entwickeln (Austritt durch Spaltöffnungen?), teilweise in den Harzlakunen sammeln.

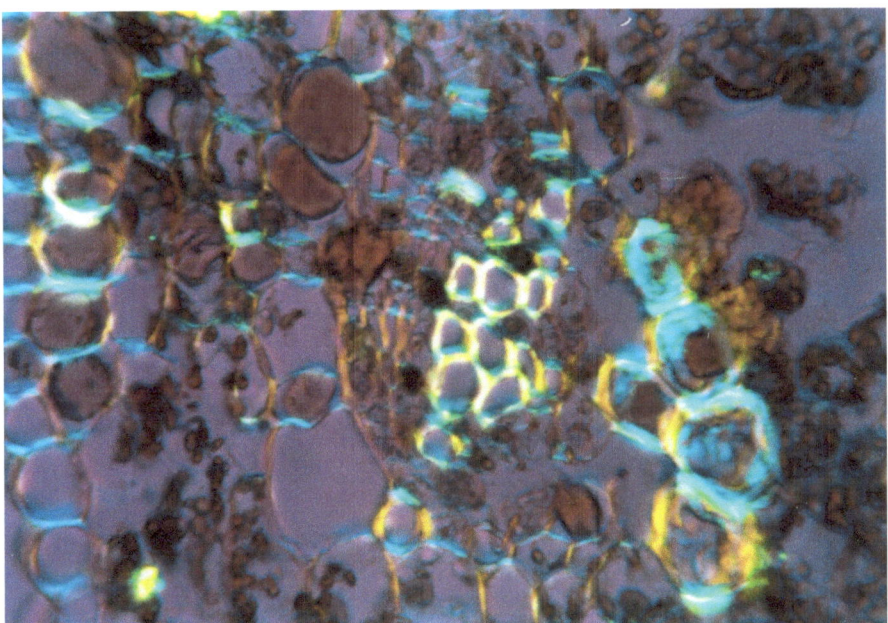

Abbildung 90: Nerv eines Gingkoblattes

11.   Zusammenfassung

Die Gymnospermen zeigen erwartungsgemäß in der Anatomie ihrer Blätter eine Reihe von Gemeinsamkeiten, lassen jedoch auch deutlich die Familienverwandtschaften und die Abstände der höheren Taxa erkennen.

Außer dem Gingko weisen alle Pflanzen nadelige oder schuppige Blätter auf. In den Details ähnelt das Flächenblatt des Gingko aber auch wieder anderen Mitgliedern der Gruppe. Charakteristisch ist das Auftreten von Harzkanälen. Außer bei *Pinus nigra* konnte jedoch keine Verbindung der Blattharzkanäle zu ähnlichen Kanälen des Stamms gefunden werden (definitiv ohne Verbindung: Cupressaceae, Metasequoia, Gingko, restliche Pinusarten). Die Harzkanäle bilden somit große Lakunen, die durch blattinterne Vorgänge gefüllt werden. Die Funktion kann von Fraßschutz

Übersicht Epidermisbau und Spaltöffnungstypen

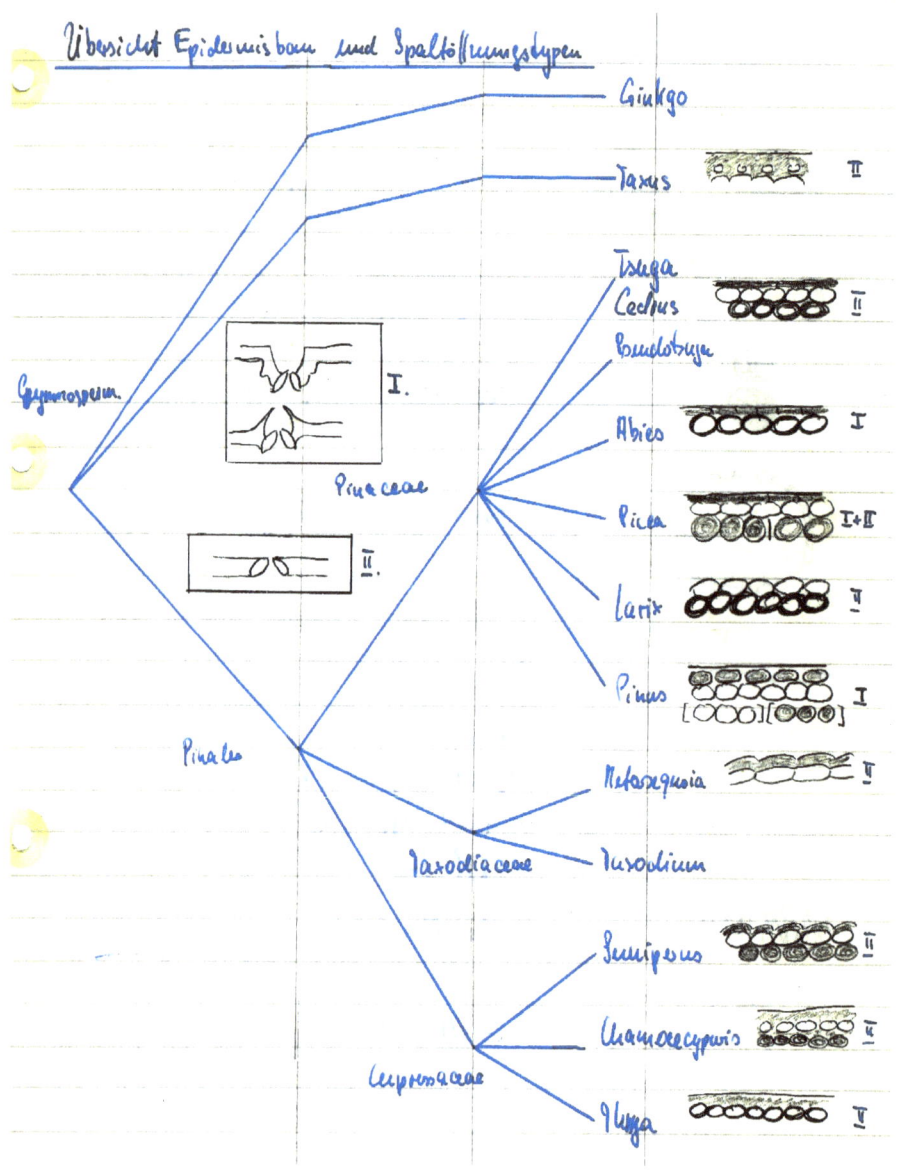

Ginkgo

Taxus   II

Tsuga
Cedrus   II

Pseudotsuga

Abies   I

Picea   I+II

Larix   II

Pinus   I

Gymnospermen

Pinaceae

I.

II.

Pinales

Metasequoia   II

Taxodiaceae   Taxodium

Juniperus   II

Cupressaceae   Chamaecyparis   II

Thuja   II

über Speicherreservoir bis Frostschutz reichen. Da die Struktur bei allen Pflanzen vorhanden sind, handelt es sich um ein ursprüngliches Merkmal.

Die Epidermis ist durchweg sehr stabil und besteht aus einer dicken Kutikula, unter der eine Zellschicht mit sehr massiven Zellwänden liegt. Sehr früh scheinen sich die Entwicklungslinien von Taxus und Gingko von den anderen getrennt zu haben: die kutikulabildenden Zellen reduzieren ihre Größe und versinken in der Kutikula. Damit geht allerdings auch die Fähigkeit zu weiterer Differenzierung verloren. Taxonomisch definiert diese aufspaltung die verschiedenen Ordnungen.

In der Entwicklungslinie folgen die Taxodiaceae, die ebenfalls noch sehr ursprünglich konstruiert sind. Über die Cupressaceae setzt sich dann eine zunehmende Weiterentwicklung durch: die Kutikula verselbständigt sich zunehmend als eigenständige starke Schutzschicht und erhält bei den Pinaceae schließlich eine zellige Struktur (von den darunter liegenden Zellen allerdings noch abhängig), bei der Gattung Pinus eine eigene Zelligkeit (die Zellen bilden durch Zusammenwachsen die Kutikula. Die Zellschicht darunter bleint intakt und sondert zum Teil bereits bei den Cupressaceae eine weitere Zellschicht ab, die die Kabelfasern liefert.

Am weitesten fortgeschritten erscheint die Gattung Pinus, die als neue Unterfamilie bzw. Familie von den Pinaceae abzuzweigen scheint. Die Rückständigkeit von Larix kann in diesem Zusammenhang als sekundär interpretiert werden, da durch die geänderte Lebensweise die extreme Stabilität der Blattorgane aufgegeben werden kann.

Ebenfalls einen Hinweis auf die hohe Entwicklungsstufe der Pinaceae liefern die Spaltöffnungen. Während sie bei den anderen Gruppen überwiegen einfach bleiben, kann man sie bei den Pinus-Arten schon fast als Organe ansprechen.

Einen ähnlichen Trend findet man bei den Blattnerven. Auch hier ist die Pinaceae-Gruppe von den anderen abgespalten. Da die Nerven im Blattinneren liegen, sind sie weniger einem Entwicklungsdruck ausgesetzt als die äußeren Strukturen, sollte sich dieser Bereich langsamer entwickeln.

Alle Gruppen weisen Ring- und Tüpfelgefäße auf. Letztere sind jedoch nur bei den Pinaceae ähnlich weit entwickelt wie bei den Blütenpflanzen. Bei allen anderen Gruppen handelt es sich mehr oder weniger nur um ein kompliziertes Loch in der Zellwand. Bei den Pinaceae kommt noch eine Differenzierung in Flügel, Matrix (mit Kristalliten) und Ring hinzu, die bei den anderen Gruppen auch zu finden sind, jedoch mit Abschwächungen. Die Differenzierung geht hier weiter als bei vielen Blü-

Teile und Zellen des Nervs

    Zentrum (Z), Typ 1/2

    Flügel (F), Plasmazellen

   Top/Down (T,D), Kabel

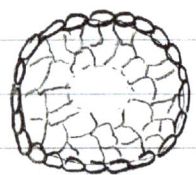   Matrix (M) mit Ring (R)

   Kristallite (K)

   Leiter (L)

   reguläre Triplel (rT)
einfache Triplel (eT)

   Ringgefäße (R)

Gitterzellen (G)

Siebzellen (s)

tenpflanzen, was vermutlich den Stabilitätsanforderungen über mehrere Witterungsperioden geschuldet ist.

Insgesamt betrachtet steht insbesondere die Familie der Pinaceae den Blütenpflanzen entwicklungstechnisch kaum nach.

Taxae	*Leitbündeltyp*	*Zelltyp*
Gingko	Z_1	R
Taxus	Z_1, F, M	R, G, eT
Tsuga		
Pseudotsuga		
Cedrus	Z_1, T, F, M, R	R, K, rT, S
Abies	$Z_2(D)$, F, M, R	R, K, rT
Picea	Z_2, D, M, R	R, K, rT
Larix	Z_1, T, M, R	R, K, rT
Pinus	$Z_2(D)$, N, R	R, K, T, L
Metasequioa	Z_2, (M)	R, eT
Taxodium		
Juniperus	Z_1	R, eT
Chamaecyparis	$Z_1(Z)$	R
Thuja	$Z_1(Z)$	R